道理学理哲理·党的创新理论研究阐释丛书

董振华 主编

底线思维

尤 洋 著

目 录

总序 活学活用习近平新时代中国特色社会主义思想
　　　活的灵魂 / i

第一章　坚持底线思维的重大意义 / 1
　　一、新时代下中国式现代化建设的现实要求 / 1
　　二、新征程中战胜各种风险挑战的居安思危 / 11
　　三、有效应对复杂的国内外环境的必然选择 / 18
　　四、实现中华民族伟大复兴的必由之路 / 25

第二章　底线思维的科学内涵 / 35
　　一、底线概念与底线思维 / 36
　　二、底线思维的基本特征 / 47
　　三、底线思维的应用逻辑 / 54
　　四、底线思维的根本抓手 / 58

第三章　底线思维的思想基础 / 73
　　一、唯物辩证法的生动体现 / 74

二、传统文化智慧的当代运用 / 83
　　三、世界优秀成果的充分吸收 / 92
　　四、社会风险特征的精准把握 / 97

第四章　中国共产党人居安思危的历史经验 / 110
　　一、新民主主义革命时期底线思维的实践经验 / 111
　　二、社会主义革命和建设时期底线思维的实践经验 / 123
　　三、改革开放和社会主义现代化建设新时期底线
　　　　思维的实践经验 / 129
　　四、中国特色社会主义新时代下底线思维的实践
　　　　经验 / 139

第五章　防范各种"黑天鹅""灰犀牛" / 145
　　一、以全球思维谋篇布局，坚持统筹发展和安全 / 148
　　二、强化底线思维，坚持原则性和策略性相统一 / 154
　　三、凡事从坏处准备，努力争取最好的结果 / 164
　　四、增强忧患意识，着力防范化解重大风险 / 171

第六章　坚持底线思维做到未雨绸缪 / 178
　　一、科学研判风险，做到见微知著 / 180
　　二、确立全局观念，学会统筹兼顾 / 196
　　三、做好应对预案，力求有备无患 / 204
　　四、增强斗争本领，永葆斗争精神 / 217

后　记 / 227

总　序

活学活用习近平新时代中国特色社会主义思想活的灵魂

党的二十大报告指出："马克思主义是我们立党立国、兴党兴国的根本指导思想。实践告诉我们，中国共产党为什么能，中国特色社会主义为什么好，归根到底是马克思主义行，是中国化时代化的马克思主义行。拥有马克思主义科学理论指导是我们党坚定信仰信念、把握历史主动的根本所在。"习近平新时代中国特色社会主义思想是当代中国马克思主义、21世纪马克思主义，是中华文化和中国精神的时代精华，实现了马克思主义中国化新的飞跃。用习近平新时代中国特色社会主义思想武装头脑、指导实践、推动工作，是做好一切工作的重要前提。学懂弄通做实习近平新时代中国特色社会主义思想，至关重要的是要系统掌握贯穿于这一科学理论中的世界观和方法论，用以指导解决改造客观世界和主观世界的实际问题，不断推进和拓展中国式现代化。

一、坚持格物致知，不仅要知其然，更要知其所以然

真学、真懂、真信、真用习近平新时代中国特色社会主义思想，不仅要知其然，更要知其所以然。这个"所以然"，最主要的就是习近平新时代中国特色社会主义思想所蕴含的马克思主义基本立场观点方法。如果不能够完整、系统、深刻地把握习近平新时代中国特色社会主义思想所蕴含的马克思主义立场观点方法，那么，我们就不能真正领悟 21 世纪马克思主义的精髓要义，也就不能够活学活用习近平新时代中国特色社会主义思想，并以此指导实践和推动工作。

作为当代中国马克思主义、21 世纪马克思主义，习近平新时代中国特色社会主义思想既坚守了马克思主义的基本立场观点方法，与马克思列宁主义、毛泽东思想、邓小平理论、"三个代表"重要思想、科学发展观一脉相承，又坚持和运用马克思主义的立场观点方法观察时代、分析问题和解决问题，提出一系列治国理政新理念新思想新战略，实现了马克思主义中国化时代化新的飞跃。深入理解和把握习近平新时代中

国特色社会主义思想，不能浅尝辄止，必须坚持格物致知，做到知其然更知其所以然，既要搞清楚其一脉相承的"脉"，也要搞清楚其与时俱进的"进"。唯有如此，我们才可以从根本上把握好推进马克思主义中国化时代化的守正创新之道。马克思主义是非常朴实的道理，其核心价值追求就是人类解放，其基本内在逻辑就是唯物辩证法，其首要基本观点就是实践观点，三者共同统一于共产党人造福人民的伟大革命实践中。

马克思主义一脉相承的"脉"，是马克思主义唯物辩证法的逻辑和追求人类解放的价值在具体历史实践中的统一，是马克思主义具体历史形态和民族形态"万变不离其宗"的"道理"，也就是马克思主义的基本立场观点方法。与时俱进的"进"是针对具体时代课题，坚持马克思主义的基本立场观点方法，创造性地分析和解决具体问题得出的具体结论。这些具体结论虽然具有一定的历史性、民族性、条件性等具体适用性，但是其中的基本价值、内在逻辑和理论品格是一以贯之的，万变而不离其宗。如果离开这个"道理"，就是离经叛道，无论是打着创新或者发展的名义还是其他什么口号，实际上都是背离、背叛或者歪曲了马克思主义。

马克思主义从来都不是抽象的理论，而是具体的、鲜活的和发展的理论。习近平新时代中国特色社会主义思想，作为马克思主义中国化的最新成果、当代中国马克思主义、21世纪马克思主义，遵循马克思主义人类解放的核心价值、唯物辩证法的基本逻辑、直面问题的实践观点，坚持人民至上的根本立场，坚持守正创新的与时俱进，坚持自信自立的独立自主，坚持问题导向的实践观点，坚持系统观念的思想方法，坚持胸怀天下的人类情怀，把辩证唯物论、唯物辩证法和人民价值论统一到中国特色社会主义伟大实践之中，立足于中国特色社会主义进入新时代的历史方位，基于我国社会主要矛盾变化所带来的一系列新的时代课题，具体问题具体分析，创造性地解决实际问题，旨在实现社会主义现代化和中华民族伟大复兴的中国梦，在改革发展稳定、内政外交国防、治党治国治军等方方面面提出一系列新的思路、新的战略、新的举措，形成了完整系统的科学理论体系，开辟了马克思主义的新境界。

二、坚持得意忘言，不仅要知其言，更要知其义

世界观和方法论是统一的，有什么样的世界观，

就有什么样的方法论。正如毛泽东同志所指出的,"世界本来是发展的物质世界,这是世界观;拿了这样的世界观转过来去看世界,去研究世界上的问题,去指导革命,去做工作,去从事生产,去指挥作战,去议论人家长短,这就是方法论,此外并没有别的什么单独的方法论"。把马克思主义的世界观用于认识和改造世界,就是马克思主义的方法论。习近平新时代中国特色社会主义思想,坚持马克思主义立场观点方法和科学社会主义基本原理,把马克思主义基本原理与中国具体实际相结合、与中华优秀传统文化相结合,坚持人民至上、自信自立、守正创新、问题导向、系统观念、胸怀天下,全面系统回答了新时代坚持和发展中国特色社会主义的一系列重大理论和实践问题,为马克思主义中国化时代化作出了原创性贡献,为我们党和人民认识世界、改造世界提供了强大思想武器,是坚持和运用辩证唯物主义和历史唯物主义的光辉典范。《庄子·外物》有言:"言者所以在意,得意而忘言。"把握好习近平新时代中国特色社会主义思想的世界观和方法论,必须坚持得意忘言,不仅要知其言,更要知其义。

把握好习近平新时代中国特色社会主义思想的世界观和方法论,就要牢牢把握贯穿其中的根本价值立场。人类解放是马克思主义的核心价值追求，人民立场是中国共产党的根本政治立场。人民性是马克思主义的本质属性，作为马克思主义执政党，我们的理论和实践都必须要扎根人民、为了人民、造福人民。坚持人民至上，是习近平新时代中国特色社会主义思想的价值原点，充分体现了马克思主义的核心价值追求，包含了对中国特色社会主义价值取向、发展动力的科学回答和阐述，是对马克思主义唯物史观的创造性运用。坚持自信自立，就要一切为了人民、一切依靠人民，既不走封闭僵化的老路，也不走改旗易帜的邪路，坚定不移走共同富裕的中国式现代化之路。坚持守正创新，就要站稳人民立场、把握人民愿望、尊重人民创造、集中人民智慧，形成为人民所喜爱、所认同、所拥护的理论。坚持问题导向，就要着力解决发展不平衡不充分问题和人民群众急难愁盼问题，推动人的全面发展、全体人民共同富裕取得更为明显的实质性进展。坚持系统观念，就要将广大人民群众的根本利益、全局利益、长远利益作为着力点，以满足人民日益增长的美好生活需要为根本目的进行战略谋划和系统推进。坚持胸怀天下，就不仅要为中国人民谋幸福、为中华民族谋复兴，也要为人类谋进步、为世界谋大同，充分体现马克思主义解放人类的价值理想。

总　序

把握好习近平新时代中国特色社会主义思想的世界观和方法论，就要牢牢把握贯穿其中的唯物辩证法。唯物辩证法是我们观察世界、判断形势、认识问题的基本方法，也是习近平新时代中国特色社会主义思想所贯穿的根本方法论。习近平总书记指出："唯物辩证法认为，事物是普遍联系的，事物及事物各要素相互影响、相互制约，整个世界是相互联系的整体，也是相互作用的系统。坚持唯物辩证法，就要从客观事物的内在联系去把握事物，去认识问题、处理问题。"坚持人民至上，就要统筹兼顾全局和局部、当前和长远、重点和非重点等各个方面的利益关系，让发展的成果更加全面、更加公平、更加长久地惠及全体人民。坚持自信自立，就要坚持和运用马克思主义的立场观点方法独立自主地解决自己的问题，把国家和民族发展放在自己力量的基点上，充分体现马克思主义具体问题具体分析的活的灵魂。坚持守正创新，就要坚持守正和创新辩证统一，既要守马克思主义基本立场观点方法之"正"，又要创中国化时代化的马克思主义之"新"，既确保正确方向，又不封闭僵化。坚持问题导向，就要承认矛盾的普遍性、客观性，要善于把认识和化解矛盾作为打开工作局面的突破口。坚持系统观念，就要善于通过历史看现实、透过现象看本质，把握好全局和局部、当前和长远、宏观和微观、主要矛盾和次要矛盾、特殊和一般的关系，不断提高战略思维、历史思维、辩证思维、系统思维、创新思维、法治思维、底线思维能力，为前瞻性思考、全局性谋划、整体性推进党和国家各项事业提供科学思想方法。坚持胸怀天下，就必须统筹国内国际两个大局，既要为我国改革发展稳定争取良好外部条件，又要维护世界和平稳定、促进共同发展，共同创造人类的美好未来。

把握好习近平新时代中国特色社会主义思想的世界观和方法论，就要牢牢把握贯穿其中的实践观点。实践的观点、生活的观点是马克思主义首要的基本的观点，实践性是马克思主义理论区别于其他理论的显著特征。习近平新时代中国特色社会主义思想同样具有实践性、时代性、创造性的鲜明品格，是从新时代中国特色社会主义全部实践中产生的理论结晶，是推动新时代党和国家事业不断向前发展的科学指南。坚持人民至上，不是抽象的而是具体的、实践的，必须坚持全心全意为人民服务，始终致力于改善民生、增进人民福祉、为人民谋幸福，将实现最广大人民的根本利益作为党一切行动的出发点和落脚点。坚持自信自立，就要坚定中国特色社会主义道路自信、理论自信、制度自信、文化自信，在中国特色社会主义的伟大实践中不断提高我国社会生产力发展水平和人民生活水平，使我国社会主义制度的优越性不断显现和丰富起来，使中国特色社会主义道路越走越宽广。坚持守正创新，就要坚持对马克思主义的坚定信仰、对中国特色社会主义的坚定信念，以更加积极的历史担当和创造精神，为坚持、发展和运用马克思主义作出新的贡献。坚持问题导向，就要增强问题意识，聚焦实践遇到的新问题、改革发展稳定存在的深层次问题、人民群众急难愁盼问题、国际变局中的重大问题、党的建设面临的突出问题，不断提出真正解决问题的新理念新思路新办法。坚持系统观念，必须统筹兼顾、综合施策，既以目标为着眼点，又以问题为着力点，加强前瞻性思考、全局性谋划、战略性布局、整体性推进，统筹推进"五位一体"总体布局、协调推进"四个全面"战略布局，更好推动党和国家事业发展。坚持胸怀天下，就要始终坚持维护和平、促进共同发展的外交政策宗旨，以实际行动致力于推动构建人类命运共同体。

实践没有止境，理论创新也没有止境。我们要突破前人，后人也必然会突破我们，这是社会前进的必然规律。马克思主义是随着时代、实践、科学发展而不断发展的开放的理论体系，它并没有结束真理，而是开辟了通向真理的道路。中国特色社会主义还会往前走，还会有很多新的理论、新的发展，我们要把坚持马克思主义和发展马克思主义统一起来，结合新的实践不断作出新的理论创造。学习贯彻习近平新时代中国特色社会主义思想党的创新理论，就要深刻理解把握其世界观和方法论，坚持好、运用好贯穿其中的立场观点方法，深入领会坚持人民至上、坚持自信自立、坚持守正创新、坚持问题导向、坚持系统观念、坚持胸怀天下的道理学理哲理，做到知其言更知其义，切实把党的创新理论贯彻落实到党和国家工作各方面全过程。

三、坚持知行合一，不仅要知其道，更要行其道

"知而不行，只是未知。"理论武装归根到底是为了掌握科学方法，有效解决问题。我们坚持以马克思主义为指导，是要运用其科学的世界观和方法论解决中国的问题，而不是要背诵和重复其具体结论和词句，更不能把马克思主义当成一成不变的教条。毛泽东同志在《整顿党的作风》中指出：我们"不应当把马克

思主义的理论当成死的教条。对于马克思主义的理论，要能够精通它、应用它，精通的目的全在于应用"。坚持用中国化时代化的马克思主义武装头脑、指导实践、推动工作，落脚点在指导实践、推动工作；学懂弄通做实，落脚点在做实。我们要牢记空谈误国、实干兴邦的道理，坚持知行合一，不仅要知其道，更要行其道，坚持科学的世界观和方法论，系统推进和拓展中国式现代化。

处理好顶层设计和实践探索的关系。推进中国式现代化涉及政治、经济、社会、文化、生态等各个领域，事关改革、发展、稳定等根本问题，涵盖治党治国治军、内政外交国防等方方面面，各个方面的关系纷繁复杂，往往牵一发而动全身，因此必须进行顶层设计，深刻洞察世界发展大势，准确把握人民群众的共同愿望，深入探索经济社会发展规律，使制定的规划和政策体系体现时代性、把握规律性、富于创造性，做到远近结合、上下贯通、内容协调。推进中国式现代化是一个探索性事业，还有许多未知领域，需要我们在实践中大胆探索，通过改革创新来推动事业发展，决不能刻舟求剑、守株待兔。既要通过顶层设计进行系统谋划、战略布局和整体推进，又要调动一切积极因素从而群策群力、积极探索和创新实践，使顶层设计与基层探索良性互动、有机结合，形成历史合力。

处理好战略和策略的关系。战略问题是一个政党、一个国家的根本性问题。中国式现代化必须坚持正确的战略方向，在根本问题上决不能出现颠覆性错误。推进中国式现代化，要增强战略的前瞻性，准确把握事物发展的必然趋势，敏锐洞悉前进道路上可能出现的机遇和挑战，以科学的战略预见未来、引领未来。要增强战略的全局性，谋划战略目标、制定战略举措、作出战略部署，都要着眼于解决事关党和国家事业兴衰成败、牵一发而动全身的重大问题。我们要增强战略的稳定性，战略一经形成，就要长期坚持、一抓到底、善作善成，不要随意改变。中国式现代化是一项伟大的具体的历史实践，必须在策略问题上落到实处，决不能纸上谈兵。我们要把战略的坚定性和策略的灵活性结合起来，灵活机动、随机应变、临机决断，在因地制宜、因势而动、顺势而为中把握战略主动。

处理好守正和创新的关系。"守正"，即坚持马克思主义基本原理不动摇，坚持党的全面领导不动摇，坚持中国特色社会主义不动摇，守好中国式现代化的本和源、根和魂，毫不动摇坚持中国式现代化的中国特色、本质要求、重大原则，确保中国式现代化的正确方向。"创新"，即顺应时代发展要求，着眼于解决重大理论和实践问题，积极识变应变求变，大力推进改革创新，提出新的思路、新的战略、新的举措，不断塑造发展新动能新优势，充分激发全社会创造活力。中国式现代化是前无古人的伟大事业，守正才能不迷失方向、不犯颠覆性错误，创新才能把握时代、引领时代。

处理好效率和公平的关系。中国式现代化是全体人民共同富裕的现代化，这是由社会主义的根本价值追求所决定的。以中国式现代化全面推进中华民族伟大复兴，我们必须坚持以人民为中心的发展思想，维护人民根本利益，增进民生福祉，推动全体人民共同富裕取得更为明显的实质性进展。中国式现代化既要创造比资本主义更高的效率，又要更有效地维护社会公平，更好实现效率与公平相兼顾、相促进、相统一。我们要处理好效率与公平的关系，不断实现发展为了人民、发展依靠人民、发展成果由人民共享，让现代化建设成果更多更公平惠及全体人民。

处理好活力与秩序的关系。中国式现代化，应该既充满活力又拥有良好秩序，呈现出活力和秩序的有机统一。秩序代表着社会的有序、和谐与稳定，而活力则蕴含社会生活的丰富多样性，是社会各群体创造力的竞相迸发和个人潜力的充分发挥，体现了人类社会进步的动力与人类文明的可持续性。这是需要我们通过深化改革与社会公平的激励机制来实现的，从而最大限度地增加和谐因素，最大限度地减少不和谐的因素，最大限度地激发社会活力。同时，我们要统筹发展和安全，贯彻总体国家安全观，健全国家安全体系，增强维护国家安全能力，坚定维护国家政权安全、制度安全、意识形态安全和重点领域安全，确保发展的稳定环境。

习近平新时代中国特色社会主义思想，蕴含着丰富的马克思主义哲学智慧。习近平新时代中国特色社会主义思想，坚持马克思主义立场观点方法和科学社会主义基本原理，把历史和现实、理论和实践、国内和国际相结合相贯通，思接千载、视通万里，洞察和分析世情、国情、党情的深刻变化，全面系统回答了新时代坚持和发展中国特色社会主义的一系列重大理论和实践问题，集中体现了这一思想在马克思主义基本原理与中国具体实际相结合上的又一次飞跃，为发展马克思主义作出了原创性贡献，为我们党和人民认识世界、改造世界提供了强大思想武器，是坚持和运用辩证唯物主义和历史唯物主义的光辉典范。党员、干部特别是领导干部要认真学习和真正掌握其中所蕴含的马克思主义立场观点方法，不断提高运用中国化

总　序

时代化的马克思主义分析和解决实际问题的能力，自觉用习近平新时代中国特色社会主义思想武装头脑、统一思想，凝聚力量、推动实践，以中国式现代化实现中华民族伟大复兴，真正创造出属于我们这一代人的新的奇迹。

这是一个需要理论而且能够产生理论的时代，是一个呼唤创新而且能够创新的时代，是一个能够追求真理和实践真理的时代。中国特色社会主义是前无古人的伟大事业，坚持和发展中国特色社会主义是永无止境的伟大实践，不断开辟马克思主义中国化时代化新境界和中国特色社会主义事业新局面是中国共产党人的神圣使命。我们要以科学的态度对待科学、以真理的精神追求真理，继续推进实践基础上的理论创新，把握好习近平新时代中国特色社会主义思想的世界观和方法论，坚持好、运用好贯穿其中的立场观点方法，在伟大实践中充分彰显真理的力量。作为理论工作者，系统阐释习近平新时代中国特色社会主义思想活的灵魂和精髓要义，是我们义不容辞的责任和神圣使命担当。我们深深呼吸着伟大的时代气息，怀着强烈的使命感和责任感，约请理论界知名专家学者共同研究这一重大课题，以"道理学理哲理·党的创新理论研究阐释"为主题组织编写了这套丛书，以期通过全面深刻系统学习领悟二十大精神和活学活用习近平新时代中国特色社会主义思想的活的灵魂，为坚定理想信念、掌握科学方法、凝聚磅礴伟力、推进伟大事业，尽一份绵薄之力。

董振华

中央党校（国家行政学院）哲学教研部副主任、教授

第一章　坚持底线思维的重大意义

我们必须增强忧患意识，坚持底线思维，做到居安思危、未雨绸缪，准备经受风高浪急甚至惊涛骇浪的重大考验。

——习近平总书记在中国共产党第二十次全国代表大会上的报告

一、新时代下中国式现代化建设的现实要求

在全党全国各族人民迈上全面建设社会主义现代化国家新征程、向第二个百年奋斗目标进军的关键时刻，中国共产党第二十次全国代表大会于 2022 年 10 月 16 日至 22 日在北京胜利召开。这是一次十分重要的大会，事关党和国家事业继往开来，事关中国特色社会主义前途命运，事关中华民族伟大复兴，亿万人民期待，全球目光汇聚。习近平总书记在党的二十大报告中指出："我们必须增强忧患意识，坚持底线思

维，做到居安思危、未雨绸缪，准备经受风高浪急甚至惊涛骇浪的重大考验。"①从党的十八大开始，中国特色社会主义进入新时代。中国共产党领导人民通过自强不息的艰苦奋斗，"成功走出中国式现代化道路，创造了人类文明新形态，拓展了发展中国家走向现代化的途径"。②中国式现代化的推进和拓展，让中华民族伟大复兴迎来前所未有的光明前景，让中华民族再次行进在世界文明进程的前列。坚持底线思维对于我国在新时代下坚定不移地推进中国式现代化建设具有重大的现实意义。

（一）治国理政的科学方法

党的十八大以来，习近平总书记提出一系列治国理政新理念、新思想、新战略，引领中国式现代化不断向前推进。面对错综复杂的国内外与党内外严峻形势，习近平同志始终保持清醒的头脑，自觉运用底线思维科学，运筹治国理政过程中的各项建设和管理工作，明确要求各级党委和政府"要善于运用'底线思

---

① 习近平：《高举中国特色社会主义伟大旗帜　为全面建设社会主义现代化国家而团结奋斗——在中国共产党第二十次全国代表大会上的报告》，《人民日报》2022年10月26日。
② 《中共中央关于党的百年奋斗重大成就和历史经验的决议》，《人民日报》2021年11月17日。

维'的方法，凡事从坏处准备，努力争取最好的结果，做到有备无患、遇事不慌，牢牢把握主动权"①。古语有云："备豫不虞，为国常道。"底线思维，就是客观地设定最低目标，立足最低点，争取最大期望值。作为马克思主义的科学方法，底线思维是中国共产党治国理政所运用的重要科学方法之一。

习近平总书记在党的二十大报告中指出："我国是一个发展中大国，仍处于社会主义初级阶段，正在经历广泛而深刻的社会变革，推进改革发展、调整利益关系往往牵一发而动全身。我们要善于通过历史看现实、透过现象看本质，把握好全局和局部、当前和长远、宏观和微观、主要矛盾和次要矛盾、特殊和一般的关系，不断提高战略思维、历史思维、辩证思维、系统思维、创新思维、法治思维、底线思维能力，为前瞻性思考、全局性谋划、整体性推进党和国家各项事业提供科学思想方法。"②

底线思维是一种前瞻性和预判性相统一的思维方法，运用底线思维治国理政，可以提前预测各种风险，估算到可能出现的最坏情况，从而积极采取有效措施

---

① 房宁、王利、高新民：《改革要有哪些新思维》，《人民日报》2013年1月15日。
② 习近平：《高举中国特色社会主义伟大旗帜　为全面建设社会主义现代化国家而团结奋斗——在中国共产党第二十次全国代表大会上的报告》，《人民日报》2022年10月26日。

防患于未然。首先，运用底线思维治国理政，有利于主动总结党和国家事业发展的历史经验和教训，探索国家治理中存在的现实矛盾和问题，主动开展顶层设计，积极采取有效措施，破解各种发展难题。其次，运用底线思维治国理政，有利于直面治国理政中面临的重大理论和实践问题，及时推动重大理论创新，有针对性地提出解决实践问题的思路和方法，从而掌握治国理政的主动权。

中国式现代化是一个变革与稳定相统一的辩证发展过程，这得益于我们党始终坚持战略思维与底线思维相结合。长期以来，我们党自觉将底线思维贯彻到我国现代化建设的方方面面，高度重视现代化建设过程中的发展与安全问题，特别关注现代化建设的生命底线、民生底线、生态红线、法治底线。"我们党推进现代化建设的战略思维与底线思维是相辅相成的，如果说战略思维是中国式现代化道路的领航灯，那么底线思维则是中国式现代化建设的稳压器。"① 我们党在领导人民开创中国式现代化道路的过程中，既善于从战略布局的层面制定具有前瞻性的发展目标，又善于针对社会发展中的突出问题设定相关底线，以防范和

---

① 周康林：《中国式现代化道路的哲学意蕴探析》，《中国特色社会主义研究》2022年第1期。

化解现代化建设进程中的重大风险挑战。

"当今世界百年未有之大变局加速演进,世界之变、时代之变、历史之变的特征更加明显。形势越是复杂,挑战越是严峻,越要保持战略清醒,越要坚定战略自信,集中精力办好自己的事情,坚定不移向着全面建成社会主义现代化强国的宏伟目标迈进。"① 面对复杂多变的国际局势,我们更应坚持底线思维,准确识变、科学应变、主动求变,参与国际市场竞争,积极融入新发展格局,以保证我国现代化建设目标如期实现。

(二)中国特色的实践理念

党的二十大报告指出:"十年来,我们经历了对党和人民事业具有重大现实意义和深远历史意义的三件大事:一是迎来中国共产党成立一百周年,二是中国特色社会主义进入新时代,三是完成脱贫攻坚、全面建成小康社会的历史任务,实现第一个百年奋斗目标。"② 新时代十年的伟大变革,在党史、新中国史、改革开放史、

---

① 许晴、宋静思、王洲:《以中国式现代化推进中华民族伟大复兴》,《人民日报》2022年10月16日。

② 习近平:《高举中国特色社会主义伟大旗帜 为全面建设社会主义现代化国家而团结奋斗——在中国共产党第二十次全国代表大会上的报告》,《人民日报》2022年10月26日。

社会主义发展史、中华民族发展史上具有里程碑意义。"从现在起，中国共产党的中心任务就是团结带领全国各族人民全面建成社会主义现代化强国、实现第二个百年奋斗目标，以中国式现代化全面推进中华民族伟大复兴。"① 中国式现代化，是中国共产党领导的社会主义现代化，既有各国现代化的共同特征，更有基于自己国情的中国特色。底线思维是基于中国国情、具有中国特色的实践理念。

拥有马克思主义科学理论指导是我们党坚定信仰信念、把握历史主动的根本所在。只有把马克思主义基本原理同中国具体实际相结合、同中华优秀传统文化相结合，坚持运用辩证唯物主义和历史唯物主义，才能正确回答时代和实践提出的重大问题。因此，党在治国理政中确定其必须固守的"底线"和规范"底线思维"的时候，应坚持科学性与现实性相统一的原则，理性思维的主观逻辑必须反映实践的客观逻辑。

一方面，运用底线思维治国理政既要遵循马克思列宁主义及其科学社会主义的基本理论、观点和方法，又要与中国的具体国情和时代特征相结合。"我们必须

---

① 习近平：《高举中国特色社会主义伟大旗帜　为全面建设社会主义现代化国家而团结奋斗——在中国共产党第二十次全国代表大会上的报告》，《人民日报》2022年10月26日。

第一章 坚持底线思维的重大意义

坚持解放思想、实事求是、与时俱进、求真务实,一切从实际出发,着眼解决新时代改革开放和社会主义现代化建设的实际问题,不断回答中国之问、世界之问、人民之问、时代之问,作出符合中国实际和时代要求的正确回答,得出符合客观规律的科学认识,形成与时俱进的理论成果,更好指导中国实践。"①

另一方面,运用底线思维治国理政必须同中华优秀传统文化相结合。"只有植根本国、本民族历史文化沃土,马克思主义真理之树才能根深叶茂。中华优秀传统文化源远流长、博大精深,是中华文明的智慧结晶。"② 我们必须坚定历史自信、文化自信,坚持古为今用、推陈出新,把坚持底线思维同中华优秀传统文化精华贯通起来、同人民群众日用而不觉的共同价值观念融通起来,不断赋予科学理论鲜明的中国特色。

底线思维是在新中国成立特别是改革开放以来长期探索和实践基础上形成的具有中国特色的实践理念,为我们党成功推进和拓展中国式现代化提供了重要的方法论价值。

---

① 习近平:《高举中国特色社会主义伟大旗帜 为全面建设社会主义现代化国家而团结奋斗——在中国共产党第二十次全国代表大会上的报告》,《人民日报》2022年10月26日。

② 习近平:《高举中国特色社会主义伟大旗帜 为全面建设社会主义现代化国家而团结奋斗——在中国共产党第二十次全国代表大会上的报告》,《人民日报》2022年10月26日。

（三）领导干部的检验标尺

党的十八大以来，习近平总书记反复强调要坚持并善用底线思维。底线思维是着眼于新形势新任务，对领导干部提出的明确要求，是检验广大干部能力素质的重要标尺。自中国共产党成立以来，正是因为坚持了底线思维，我们党和国家才没有在根本性问题上出现颠覆性错误，也正是因为坚持了底线思维，我国才能长期保持政治的整体稳定、社会的总体安定、经济的持续健康发展、生态环境的绿色向好发展。

领导干部是党和国家事业的领导者、谋划者和推进者。全面建设社会主义现代化国家，必须有一支政治过硬、适应新时代要求、具备领导现代化建设能力的干部队伍。习近平总书记多次强调："干部要勤于学、敏于思，认真学习马克思主义理论特别是中国特色社会主义理论体系，掌握贯穿其中的立场、观点、方法，提高战略思维、创新思维、辩证思维、底线思维能力，正确判断形势，始终保持政治上的清醒和坚定。"[①] 面对波谲云诡的国际形势、复杂敏感的周边环境、艰巨繁重的改革发展稳定任务，领导干部必然要

---

① 中共中央文献研究室编：《习近平关于全面从严治党论述摘编》，中央文献出版社2016年版，第125页。

第一章 坚持底线思维的重大意义

坚持底线思维，着力提高政治能力、调查研究能力、科学决策能力、改革攻坚能力、应急处突能力、群众工作能力、抓落实能力，勇于直面问题，想干事、能干事、干成事，不断解决问题、破解难题。习近平总书记在党的二十大报告中指出，干部队伍建设应"坚持把政治标准放在首位，做深做实干部政治素质考察，突出把好政治关、廉洁关。加强实践锻炼、专业训练，注重在重大斗争中磨砺干部，增强干部推动高质量发展本领、服务群众本领、防范化解风险本领。加强干部斗争精神和斗争本领养成，着力增强防风险、迎挑战、抗打压能力，带头担当作为，做到平常时候看得出来、关键时刻站得出来、危难关头豁得出来"[①]。一个国家必须具有开顶风船、走上坡路的能力，能够应对外部冲击而保持可持续发展防风险，本身就是在促发展，能不能防范化解重大风险，是衡量领导干部治理能力的重要标准。

新时代广大领导干部应深刻认识和准确把握外部环境的深刻变化和我国改革发展稳定面临的新情况新问题新挑战，坚持并善用底线思维，增强忧患意识，

---

① 习近平：《高举中国特色社会主义伟大旗帜　为全面建设社会主义现代化国家而团结奋斗——在中国共产党第二十次全国代表大会上的报告》，《人民日报》2022年10月26日。

居安思危，常观大势，常思大局，提高防控能力，尽力做好应对工作环境出现新变化、工作条件出现新挑战的思想准备和工作准备。"这是新时代领导干部干好工作应具备的重要能力，是检验领导干部能力素质的重要标尺，也是有效应对当前复杂形势、完成艰巨任务、在变局中开新局的迫切需要。"①

习近平总书记指出："在干部干好工作所需的各种能力中，政治能力是第一位的。有了过硬的政治能力，才能做到自觉在思想上政治上行动上同党中央保持高度一致，在任何时候任何情况下都能'不畏浮云遮望眼''乱云飞渡仍从容'。"② 任何领导干部，不管职务多高、资历多深，都要知"底线"，准确把握"底线"。这既是领导干部能力的重要体现，也是能力发展的努力方向。准确把握"底线"，并在"底线"的基础上用权、谋事，争取最好的结果是新时代领导干部的一项必备能力。对于一名领导干部而言，"底线"要求是多重层面的。政治标准是衡量干部的首要标准，首先要准确把握政治"底线"，始终做政治上的"明白人""老实人"。其次既要能够准确把握宏观的"底线"，也要准确把握

---

① 宫玉涛：《领导干部要善用底线思维》，《人民论坛》2020 年第 30 期。
② 习近平：《年轻干部要提高解决实际问题能力 想干事能干事干成事》，《人民日报》2020 年 10 月 11 日。

涉及自身工作的微观"底线",形成科学的思维方法和有效的工作方法。拥有较强的底线思维能力的领导干部,能够更好地肩负起新时代的职责和使命,更好地推动党和国家事业的发展和各项战略目标的实现。

二、新征程中战胜各种风险挑战的居安思危

《左传·襄公十一年》中有言:"居安思危,思则有备,有备无患。"所谓底线思维,就是居安思危的意识。习近平总书记指出:"增强忧患意识,做到居安思危,是我们治党治国必须始终坚持的一个重大原则。"①踏上新征程,担当新使命,广大党员干部要经受住风高浪急的挑战甚至惊涛骇浪的重大考验,就必须增强忧患意识,坚持底线思维,时刻保持居安思危的清醒和警觉,远见于未萌、避危于无形,在化解危机中育新机,于应对变局中开新局,这也是新征程中我们战胜各种风险挑战必须具备的政治自觉、思想自觉和行动自觉。

(一)科学研判风险,方能未雨绸缪

越向高处攀登,风险挑战越是错综复杂;越向远

---

① 《习近平谈治国理政》,外文出版社2014年版,第200页。

方进发，艰难险阻越是无处不在。在党的二十大报告中，习近平总书记强调："我们必须增强忧患意识，坚持底线思维，做到居安思危、未雨绸缪，准备经受风高浪急甚至惊涛骇浪的重大考验。"① 总书记的谆谆告诫字字千钧，既体现了中国共产党人一以贯之的忧患意识，更彰显了对所处时代环境的深远洞察和应对复杂斗争的远见卓识。

以居安思危的清醒经受风高浪急的考验，是中国共产党人与生俱来的精神特质，饱含着中国共产党人对自我状态的深沉反思，对国家前途和民族命运的深刻洞察，对防患于未然的深谋远虑。我国唐代诗人杜荀鹤有诗《泾溪》曰："泾溪石险人兢慎，终岁不闻倾覆人。却是平流无石处，时时闻说有沉沦。"泾溪里面礁石很险浪很急，人们路过的时候都非常小心，所以终年都不会听到有人不小心掉到里面淹死的消息。恰恰是在水流缓慢没有礁石的地方，却常常听到有人被淹死的消息。这首诗给我们以深刻的启迪：唯有时刻牢记"安而不忘危，存而不忘亡，治而不忘乱"，把困难预想得更充分一些，把风险思考得更全面一些，才

---

① 习近平：《高举中国特色社会主义伟大旗帜　为全面建设社会主义现代化国家而团结奋斗——在中国共产党第二十次全国代表大会上的报告》，《人民日报》2022年10月26日。

能下好先手棋、打好主动仗，随时准备应对更加复杂困难的局面，化风高浪急为风平浪静，变惊涛骇浪为乘风破浪。

国内外环境的深刻变化既带来一系列新机遇，也带来一系列新挑战，是危机并存、危中有机、危可转机。现阶段，必须做好应对一系列新的风险挑战的准备，做到有备无患、防止患而无备。习近平总书记在党的二十大报告中指出："我们贯彻总体国家安全观，国家安全领导体制和法治体系、战略体系、政策体系不断完善，在原则问题上寸步不让，以坚定的意志品质维护国家主权、安全、发展利益，国家安全得到全面加强。共建共治共享的社会治理制度进一步健全，民族分裂势力、宗教极端势力、暴力恐怖势力得到有效遏制，扫黑除恶专项斗争取得阶段性成果，有力应对一系列重大自然灾害，平安中国建设迈向更高水平。"① 当前我国经济形势总体是好的，但稳企业、保就业压力还比较大，房地产、金融领域仍需警惕风险；极端天气频发，重点领域隐患排查、提前部署人力物资，都需要压实责任；在常态化疫情防控背景下，还

---

① 习近平：《高举中国特色社会主义伟大旗帜　为全面建设社会主义现代化国家而团结奋斗——在中国共产党第二十次全国代表大会上的报告》，《人民日报》2022年10月26日。

需要防止个别地方发生聚集性感染风险，同时还要从预防重大突发公共卫生事件的底线出发，补齐卫生健康领域的短板。用"显微镜"来发现风险，把问题想得更细一些，用"放大镜"来评估后果，把危害想得更严重一些，才能精准研判、妥善应对各领域风险。

新征程上，我们必须不断强化忧患意识、危机意识、使命意识，以更加强劲的前进动力、更加昂扬的奋斗精神、更加坚定的必胜信念、更加积极的历史主动，直面风险、经受挑战，勇往直前、乘风破浪。

（二）做好应对预案，方能有备无患

新时代十年，有涉滩之险、有爬坡之艰、有闯关之难，我们党面临形势环境的复杂性和严峻性、肩负任务的繁重性和艰巨性世所罕见、史所罕见。我们之所以能够信心满怀、斗志昂扬地应对和化解一次次风险挑战，是因为我党一直坚持底线思维，做到有备无患、遇事不慌，才能牢牢把握主动权。

习近平总书记在多个场合反复强调要坚持底线思维，增强忧患意识，凡事从坏处准备，努力争取最好的结果，领导干部应打好防范和抵御风险的有准备之战，打好应对变局、开拓新局的主动之战，不回避矛盾，不掩盖问题，有效防范化解重大风险，展现出深

第一章 坚持底线思维的重大意义

刻洞察力、果敢决断力、高超驾驭力。

坚持底线思维,是我们应对错综复杂形势的科学方法,更是有效防范化解重大风险的治理智慧。坚持底线思维并不是保守被动,被风险吓住不敢作为,而是要心中有数、处变不惊,做到"有守"和"有为"有机统一。我们要增强忧患意识,对可能出现的问题有充分的预见和准备,把应对预案准备得更充分更具体,同时又要抓住机遇,促进事物向更好方向发展。坚持底线思维,对可能出现的最坏情形有充分的预见和准备,时刻保持如履薄冰的谨慎、见叶知秋的敏锐、未雨绸缪的忧患,才能做到"明者防祸于未萌,智者图患于将来"。既要高度警惕和防范自己所负责领域内的重大风险,也要密切关注全局性重大风险,力争把风险化解在源头,不能让小风险演化为大风险,不能让个别风险演化为综合风险,不能让局部风险演化为区域性或系统性风险。

防风险,本身就是在促发展,能不能防范化解重大风险,是衡量领导干部治理能力的重要标准。这就需要强化风险意识,常观大势、常思大局,科学预见形势发展走势和隐藏其中的风险挑战;需要提高风险化解能力,透过复杂现象把握本质,加强战略性、系统性、前瞻性研究谋划,抓住要害、找准原因,果断决策，善于在危机中育新机、于变局中开新局；需要有充沛顽强的斗争精神，敢于斗争、善于斗争，保持斗争精神、增强斗争本领，以"踏平坎坷成大道，斗罢艰险又出发"的顽强意志，应对好每一场重大风险挑战，切实把改革发展稳定各项工作做实做好。

（三）主动补齐短板，方能筑牢底线

一个国家的发展，越在风急雨骤时，越能展现底气和成色。一个国家必须具有开顶风船、走上坡路的能力，能够应对外部冲击而保持可持续发展。直面挑战，需要逢山开路、遇河架桥的勇气，也需要防范风险，严守底线。木桶的容量，取决于最短的那块木板。

党的十八大以来，习近平总书记在多个场合强调要有效防范化解风险，深刻认识和准确把握外部环境的深刻变化和我国改革发展稳定面临的新情况新问题新挑战，坚持底线思维，增强忧患意识，提高防控能力，着力防范化解重大风险。习近平总书记始终告诫全党要树立底线思维，多次用"木桶原理"警示全党既要善于补齐短板，更要注重加固底板。在看望参加全国政协十三届三次会议的经济界委员时，习近平总书记强调："要牢固树立安全发展理念，加快完善安全发展体制机制，补齐相关短板，维护产业链、供应链安全，积极做好防范化解重大风险工作。"① 在中央全面深化改革委员第十五次会议上,习近平总书记强调:"要站在历史正确的一边,坚定不移扩大对外开放,增强国内国际经济联动效应,统筹发展和安全,全面防范风险挑战。"② 一系列深刻论断,都要求我们抓好发展、安全两件大事,提高防范化解风险的本领能力,着力防范化解重大风险,确保发展在安全的轨道上稳步前行。

底线思维正是以习近平同志为核心的党中央在思考解决新时代中国特色社会主义建设和发展面临的诸多实际问题中总结和提炼出来的。新时代,是否具有问题意识,能否在工作中以问题为导向、解决实际问题,不仅考验着领导干部的能力水平,也考验着他们是否真正具备底线思维。各级领导干部的工作千头万绪,如果领导干部因为自身视野、知识、经验等方面的局限而底线思维不足,看不到事情发展可能遇到的困难,或越过了底线,忽视了风险,就会给党和人民的事业造成重大损失。领导干部要牢牢坚持底线思维,"缺钙"得"软骨病",则难御风险、难控风险。党员领导干部不仅要防止"缺钙",而且要坚持"补钙",

---

① 《坚持用全面辩证长远眼光分析经济形势 努力在危机中育新机于变局中开新局》,《人民日报》2020年5月24日。
② 《推动更深层次改革实行更高水平开放 为构建新发展格局提供强大动力》,《人民日报》2020年9月2日。

还要促进"钙吸收",用坚定理想信念练就确保在大是大非面前旗帜鲜明、在风险考验中无所畏惧的"金刚不坏之身",为更好进行具有许多新的历史特点的伟大斗争做好准备。领导干部要努力成为所在工作领域的行家里手,不断提高应急处突的见识和胆识,对可能发生的各种风险挑战,要做到心中有数、分类施策、精准拆弹,有效掌控局势、化解危机。领导干部只有通过提高解决实际问题能力,敏锐地发现并切实解决各类实际问题,才能真正地守住"底线",确保各项工作在正确的轨道运行,这是坚持底线思维的重点。

面对波谲云诡的国际形势、复杂敏感的周边环境、艰巨繁重的改革发展稳定任务,我们必须始终保持高度警惕,既要高度警惕"黑天鹅"事件,也要防范"灰犀牛"事件;既要有防范风险的先手,也要有应对和化解风险挑战的高招;既要打好防范和抵御风险的有准备之战,也要打好化险为夷、转危为机的遭遇战、阻击战,一路披荆斩棘,一路凯歌行进。

三、有效应对复杂的国内外环境的必然选择

"当前,世界之变、时代之变、历史之变正以前所未有的方式展开。一方面,和平、发展、合作、共赢的

第一章 坚持底线思维的重大意义

历史潮流不可阻挡,人心所向、大势所趋决定了人类前途终归光明。另一方面,恃强凌弱、巧取豪夺、零和博弈等霸权霸道霸凌行径危害深重,和平赤字、发展赤字、安全赤字、治理赤字加重,人类社会面临前所未有的挑战。"① 在新的历史条件下,面对百年未有之大变局,我们必须要增强忧患意识,强化底线思维,把底线筑得更牢固,确保经得起风浪,经得起时代的考验。

(一)清醒认识国内外复杂形势需要底线思维

当前中国正在向"两个一百年"奋斗目标进发,正行进在强起来的征程上,正日益走近世界舞台中央。中国越发展壮大,遇到的阻力和压力就会越大,面临的各种风险挑战就会越多,同各种敌对势力的斗争就会越激烈。一些国家从骨子里不愿意看到社会主义中国"风景这边独好",对我国进行战略遏制和围堵的力度不断加大,国际和周边安全环境更趋复杂、更加严峻。有道是船到中流浪更急、人到半山路更陡,我们绝不能在防范和应对重大风险上犯战略性、颠覆性错误。

面对严峻复杂的国际疫情和世界经济形势,习近平

---

① 习近平:《高举中国特色社会主义伟大旗帜 为全面建设社会主义现代化国家而团结奋斗——在中国共产党第二十次全国代表大会上的报告》,《人民日报》2022年10月26日。

总书记指出:"要坚持底线思维,做好较长时间应对外部环境变化的思想准备和工作准备。"[①] 坚持底线思维,是有效应对我国发展环境深刻复杂变化的必然要求。回望新时代十年,我们遭遇的风险挑战风高浪急,有时甚至是惊涛骇浪,各种风险挑战接踵而至,其复杂性严峻性前所未有。在以习近平同志为核心的党中央坚强领导下,我们坚持底线思维,发扬斗争精神,攻克了许多长期没有解决的难题,办成了许多事关长远的大事要事,经受住了来自政治、经济、意识形态、自然环境等方面的风险挑战考验。

孟子曰:"生于忧患,死于安乐。"常怀忧患意识即要求党员干部在精神上时刻处于警觉状态,不懈于观察与思考、不断刷新对问题和形势变化的认知和理解。新形势下我国国家安全和社会安定面临的威胁和挑战增多,特别是各种威胁和挑战联动效应明显。我们必须保持清醒头脑、强化底线思维,有效防范、管理、处理国家安全风险,有力应对、处置、化解社会安定挑战。2014年6月30日,习近平在十八届中央政治局第十六次集体学习时发表讲话指出:"我们共产党人的忧患意识,就是忧党、忧国、忧民意识,这是一

[①] 《深化改革健全制度完善治理体系 善于运用制度优势应对风险挑战冲击》,《人民日报》2020年4月28日。

种责任，更是一种担当。要深刻认识党面临的执政考验、改革开放考验、市场经济考验、外部环境考验的长期性和复杂性，深刻认识党面临的精神懈怠危险、能力不足危险、脱离群众危险、消极腐败危险的尖锐性和严峻性，深刻认识增强自我净化、自我完善、自我革新、自我提高能力的重要性和紧迫性，坚持底线思维，做到居安思危。"①

远眺前行路，我国发展面临新的战略机遇、新的战略任务、新的战略阶段、新的战略要求、新的战略环境，需要应对的风险和挑战、需要解决的矛盾和问题比以往更加错综复杂。我们要坚持底线思维，对那些可能迟滞甚至中断中华民族伟大复兴进程的重大风险加强研判、全力防范，把底线牢牢守住。既打好防范和抵御风险的有准备之战，也打好化险为夷、转危为机的战略主动战，不断夺取伟大斗争新胜利。

（二）理性应对百年未有之大变局需要底线思维

"当今世界正面临百年未有之大变局"②——习近平总书记这一重大论断，深刻揭示了世界新的时代特征。近年来，中国综合国力发展之快、世界影响之大同样

---

① 中共中央文献研究室编：《习近平关于全面从严治党论述摘编》，中央文献出版社2016年版，第5—6页。
② 《习近平谈治国理政》第三卷，外文出版社2020年版，第390页。

百年未有。中国，正处于近代以来最好的发展时期。古语云："安而不忘危，存而不忘亡，治而不忘乱。"树立底线思维，安不忘危、防患未然，我们就能从底线出发，看到"坏处"、解决"难处"、争取"好处"，推动中国号巨轮乘风破浪、行稳致远。

纵观人类历史，世界发展从来都是各种矛盾相互交织、相互作用的综合结果。世界面临的种种挑战令人忧虑，但新的变革机遇也蕴藏其中。当前，我国发展仍处于并将长期处于重要战略机遇期。底线思维既"有守"又"有为"，是一种积极主动、富含斗争精神的科学思维。底线思维坚持从最坏处着眼、从最坏处准备，归根结底是要把握主动，朝着好的方向努力，争取最好的前途和结果。以底线思维保障中国特色社会主义行稳致远，就是高扬斗争精神，勇于面对前进道路上的风险挑战，坚定斗争意志、讲究斗争策略、提高斗争本领，以永不懈怠的精神状态和一往无前的奋斗姿态，奋力夺取新时代中国特色社会主义伟大胜利。

2022年7月，习近平总书记在省部级主要领导干部"学习习近平总书记重要讲话精神，迎接党的二十大"专题研讨班上强调指出，"必须增强忧患意识，坚持底线思维，坚定斗争意志，增强斗争本领，以正确的战略策略应变局、育新机、开新局，依靠顽强斗争打开事业发展新天地"。① "面对国际战略格局的重大调整，面对国家安全环境的深刻变化，面对强国强军的时代要求，我们必须始终保持居安思危的战略清醒，充分发扬斗争精神，鼓足敢斗的精气神，拿出善斗的制胜策，打好巧斗的组合拳，练好真斗的硬本领，以箭在弦上的高度戒备状态全时待战、随时能战，确保党和人民需要的时候拉得出、冲得上、打得赢，坚决做到不负重托、不辱使命。"②

百年未有之大变局下，伴生着百年未有之不确定性和百年未有之机遇。站在新时代的关口，如何选择、怎样行动，关乎国运，关乎未来。要想抓住和用好机遇，就要坚持底线思维，准备迎接和战胜挑战，在应对危机的过程中创造机遇，化危为机，转危为安。在世界百年未有之大变局中，阔步迈进新时代的中国不会畏惧艰险，将坚韧坚定，砥砺前行，同世界各国人民一道，推动构建人类命运共同体，携手建设更加美好的世界！

（三）全方位应对可能的风险挑战需要底线思维

"当前，世界之变、时代之变、历史之变正以前所

---

① 《高举中国特色社会主义伟大旗帜　奋力谱写全面建设社会主义现代化国家崭新篇章》，《人民日报》2022年7月28日。
② 王立群、周燕虎：《以居安思危的清醒经受风高浪急的考验》，《解放军报》2022年11月15日。

未有的方式展开。一方面，和平、发展、合作、共赢的历史潮流不可阻挡，人心所向、大势所趋决定了人类前途终归光明。另一方面，恃强凌弱、巧取豪夺、零和博弈等霸权霸道霸凌行径危害深重，和平赤字、发展赤字、安全赤字、治理赤字加重，人类社会面临前所未有的挑战。"① 在当下外部格局出现百年未有之变化，内部形势稳中有变、变中有忧之时，新的失衡催生新的风险正在形成，因此坚持底线思维、未雨绸缪显得十分必要。

2019年1月21日，省部级主要领导干部坚持底线思维着力防范化解重大风险专题研讨班在中央党校开班，习近平总书记在开班式上发表了重要讲话，特别提到了要防范"灰犀牛"和"黑天鹅"两种风险事件的发生，寓意深刻。所谓"灰犀牛"，比喻大概率高风险事件，该类事件一般指问题很大、早有预兆，但是没有得到足够重视，从而导致严重后果的问题或事件。所谓"黑天鹅"，比喻小概率高风险事件，主要指没有预料到的突发事件或问题。

用好底线思维，既要高度警惕"黑天鹅"事件，

---

① 习近平：《高举中国特色社会主义伟大旗帜　为全面建设社会主义现代化国家而团结奋斗——在中国共产党第二十次全国代表大会上的报告》，《人民日报》2022年10月26日。

也要防范"灰犀牛"事件；既要有防范风险的先手，也要有应对和化解风险挑战的高招；既要打好防范和抵御风险的有准备之战，也要打好化险为夷、转危为机的战略主动战。抗击新冠疫情斗争的实践证明，中国共产党是风雨来袭时中国人民最可靠的主心骨，我国社会主义制度是抵御风险挑战的最有力的制度保证。要强化风险意识，常观大势、常思大局，科学预见形势发展走势和隐藏其中的风险挑战，全方位梳理排查各领域、各环节风险点，做到未雨绸缪。在做每一项工作前，要搞清楚底线在哪里、风险在哪里，哪些事情可以做、哪些事情不能做，最坏的情况是什么、最好的结果要什么，对潜在的风险有科学预判，知道风险在哪里、表现形式是什么、发展趋势会怎样。以"踏平坎坷成大道，斗罢艰险又出发"的顽强意志，应对每一场重大风险挑战，切实把防范化解重大风险工作做实做细做好。

四、实现中华民族伟大复兴的必由之路

习近平总书记在党的二十大报告中指出："时代呼唤着我们，人民期待着我们，唯有矢志不渝、笃行不怠，方能不负时代、不负人民。全党必须牢记，坚持

党的全面领导是坚持和发展中国特色社会主义的必由之路，中国特色社会主义是实现中华民族伟大复兴的必由之路。"① 坚持底线思维，是习近平新时代中国特色社会主义思想的鲜明特征，是当代中国共产党人治国理政的重要思想方法、工作方法和领导方法。以底线思维保障中国特色社会主义事业行稳致远，就是要保持强大战略定力，更加自信、更加坚定地为实现中华民族伟大复兴而奋斗。

（一）全面深化改革的现实需要

中国改革开放进入深水区，现代化建设迈入新阶段，只要运用得当，新的外部环境压力可以变为强大的内生动力，在新一轮技术革命大潮中实现弯道超车，推动中国高质量发展进入新天地。习近平总书记在党的二十大报告中指出："今天，我们比历史上任何时期都更接近、更有信心和能力实现中华民族伟大复兴的目标，同时必须准备付出更为艰巨、更为艰苦的努力。全党必须坚定信心、锐意进取，主动识变应变求变，主动防范化解风险，不断夺取全面建设社会主义现代

---

① 习近平：《高举中国特色社会主义伟大旗帜　为全面建设社会主义现代化国家而团结奋斗——在中国共产党第二十次全国代表大会上的报告》，《人民日报》2022年10月26日。

化国家新胜利!"① 底线思维是新征程中准备经受风高浪急甚至惊涛骇浪的重大考验，是全面深化改革的现实需要。

当前，实现中华民族伟大复兴进入了不可逆转的历史进程，但也要清醒认识到，中华民族伟大复兴不是轻轻松松、敲锣打鼓就能实现的，必须勇于进行具有许多新的历史特点的伟大斗争，准备付出更为艰巨、更为艰苦的努力。习近平总书记在省部级主要领导干部专题研讨班上的重要讲话中指出："10 年来，我们遭遇的风险挑战风高浪急，有时甚至是惊涛骇浪，各种风险挑战接踵而至，其复杂性严峻性前所未有。我们坚定信心、迎难而上，一仗接着一仗打。我们取得的一切成就，都是党和人民一道奋斗出来的。"② 新征程上，我们更要坚定信心、迎难而上，增强"一仗接着一仗打"的意识、决心和智慧。全党必须增强忧患意识，坚持底线思维，坚定斗争意志，增强斗争本领，以正确的战略策略应变局、育新机、开新局，依靠顽强斗争打开事业发展新天地。

---

① 习近平：《高举中国特色社会主义伟大旗帜　为全面建设社会主义现代化国家而团结奋斗——在中国共产党第二十次全国代表大会上的报告》，《人民日报》2022 年 10 月 26 日。
② 《高举中国特色社会主义伟大旗帜　奋力谱写全面建设社会主义现代化国家崭新篇章》，《人民日报》2022 年 7 月 28 日。

底线思维

习近平总书记指出,"全党必须增强忧患意识,坚持底线思维"①。历史启示我们,越是前景光明、越是取得成绩的时候,越是要有如履薄冰的谨慎,越是要有居安思危的忧患意识。当前,世界百年未有之大变局加速演进,世界之变、时代之变、历史之变的特征更加明显。我国发展面临新的战略机遇、新的战略任务、新的战略阶段、新的战略要求、新的战略环境,需要应对的风险和挑战、需要解决的矛盾和问题比以往更加错综复杂。我们要强化"一仗接着一仗打"的意识,增强忧患意识、坚持底线思维,把困难估计得更充分一些,把风险思考得更深入一些,特别是对于危及党的执政地位、国家政权稳定,危害国家核心利益,危害人民根本利益,有可能迟滞甚至打断中华民族复兴进程的重大风险挑战,要毫不犹豫、断然出手,下好先手棋、打好主动仗。②

准备经受风高浪急甚至惊涛骇浪的重大考验,就要强化"一仗接着一仗打"的意识,常怀远虑、居安思危、迎难而上、敢于斗争。新时代坚持和发展中国特色社会主义是一场艰巨而伟大的社会革命。新征程

---

① 《高举中国特色社会主义伟大旗帜 奋力谱写全面建设社会主义现代化国家崭新篇章》,《人民日报》2022年7月28日。
② 参见刘学:《坚定信心 迎难而上》,《人民日报》2022年9月21日。

上，我们面临的各种斗争不是短期的而是长期的，将伴随实现第二个百年奋斗目标全过程。我们要发扬斗争精神、坚定斗争意志、掌握斗争规律、增强斗争本领，有效应对重大挑战、抵御重大风险、克服重大阻力、解决重大矛盾，战胜前进道路上的一切艰难险阻。

（二）党战胜各种风险挑战的宝贵经验

底线思维是中国共产党建党一百年来能够战胜各种风险挑战的宝贵经验。中国之所以能取得今天的发展成就，成功应对重大挑战、抵御重大风险、克服重大阻力、解决重大矛盾，离不开"居安思危，未雨绸缪"的底线思维。

增强忧患意识、坚持底线思维，是我们党的优良传统和宝贵经验。毛泽东同志在党的七大上提出全党要"准备吃亏"，强调"要在最坏的可能性上建立我们的政策"。邓小平同志在改革开放后强调："我们要把工作的基点放在出现较大的风险上，准备好对策。"习近平总书记自党的十八大以来反复深化与创新底线思维的内涵，告诫全党要"坚持底线思维、增强忧患意识，有效防范和化解前进道路上的各种风险"。[①] 我

[①] 转引自胡长栓：《坚持底线思维》，《人民日报》2022年10月11日。

们必须深刻认识我国社会主要矛盾发展变化带来的新特征新要求,深刻认识错综复杂的国际环境带来的新矛盾新挑战,增强机遇意识和风险意识,准确识变、科学应变、主动求变,勇于开顶风船,善于转危为机。不论国际形势如何变幻,我们都要保持战略定力、战略自信、战略耐心,坚持以全球思维谋篇布局,坚持统筹发展和安全,坚持底线思维,坚持原则性和策略性相统一。面对国内外环境发生的深刻变化,只有高度重视底线思维,把困难和挑战估计得充分一些,把预案做得周密一些,积极寻求规避系统性风险、化解复杂矛盾、谋求创新发展的路径和方法,查找工作和体制机制上的漏洞,牢牢守住底线,才能遇事不慌、临危不乱,才能不走弯路、不跌跤,在危机中育新机、于变局中开新局,真正做到既尽力而为又量力而行,推动经济社会高质量发展。

我们党作为生于忧患、成长于忧患、壮大于忧患的马克思主义政党,忧患意识早已内化为我们党的鲜明精神标识、独特历史经验和高超政治智慧,凝结成"我们党治国理政的一个重大原则"。百年来,正是一代代中国共产党人心存忧患、肩扛重担,才能团结带领中国人民不断从胜利走向新的胜利。邓小平同志说过:"世界上矛盾多得很,大得很,一些深刻的矛盾刚刚暴露出来。我们可利用的矛盾存在着，对我们有利的条件存在着，机遇存在着，问题是要善于把握。"①坚持以底线思维保障中国特色社会主义行稳致远，就是要加强战略预判和风险预警，把事物发展变化最坏的可能想清楚、想彻底、想充分，在思想上做好准备，在对策上思谋周全，切实做到心中有数、防微虑远、未雨绸缪。唯有常观大势、常思大局，增强忧患意识，清醒认识前进道路上面临的风险和挑战，做到见微知著、防微杜渐、登高望远、有所准备，才能下好先手棋、打好主动仗，在危机中创造机遇，转危为安、化险为夷。

（三）推进中国特色社会主义事业的行动指南

党的十八大以来，以习近平同志为核心的党中央，统筹中华民族伟大复兴战略全局和世界百年未有之大变局，团结带领全党全军全国各族人民有效应对严峻复杂的国际形势和接踵而至的巨大风险挑战，以奋发有为的斗争精神积极主动谋划和推进党和国家各项工作，不断把新时代中国特色社会主义推向前进。

习近平新时代中国特色社会主义思想的底线思维

---

① 《邓小平文选》第三卷，人民出版社1993年版，第354页。

正是在正确研判新时代中国特色社会主义发展所面临的风险挑战中提出并不断丰富发展的。习近平总书记指出："要坚持底线思维、增强忧患意识、发扬斗争精神，善于预见形势发展走势和隐藏其中的风险挑战，在防范化解风险上勇于担责、善于履责、全力尽责。"①新时代推进中国特色社会主义事业，我们必须学会并善于运用底线思维，宁可把形势想得更复杂一些，多设想几种可能性，包括可能性的好与坏、可能性的大与小，既要想到"一万"也要想到"万一"，"要坚持问题导向、底线思维，防患于未然、防患于萌发之时，制定政策的前提是针对问题、开准药方，充分估计最坏的可能性，同时通过工作确保不出现最坏的情景"。②只有提前做好应对一切可能的准备，才能牢牢掌握主动权，引领和保障中国特色社会主义巍巍巨轮乘风破浪、行稳致远。

党的十八大以来，习近平总书记反复强调要坚持底线思维，善于运用底线思维，提高底线思维能力。底线思维饱含着深沉的忧患意识，彰显着强大的战略定力，高扬着顽强的斗争精神，是我们党应对和战胜

---

① 《习近平谈治国理政》第三卷，外文出版社2020年版，第101页。
② 中共中央文献研究室编：《习近平关于社会主义经济建设论述摘编》，中央文献出版社2017年版，第113页。

第一章　坚持底线思维的重大意义

前进道路上的各种风险和挑战、实现中华民族伟大复兴中国梦的重大原则和科学方法。2019年1月21日，习近平总书记在省部级主要领导干部坚持底线思维着力防范化解重大风险专题研讨班开班式上强调："深刻认识和准确把握外部环境的深刻变化和我国改革发展稳定面临的新情况新问题新挑战，坚持底线思维，增强忧患意识，提高防控能力，着力防范化解重大风险，保持经济持续健康发展和社会大局稳定，为决胜全面建成小康社会、夺取新时代中国特色社会主义伟大胜利、实现中华民族伟大复兴的中国梦提供坚强保障。"[1]只有准确把握我国发展的重要战略机遇期，深刻认识其新内涵，树立机遇意识，调动和运用好国内外形势变化带来的一切积极因素，充分发挥独特优势，抢占未来发展制高点，才能"下好先手棋、打好主动仗，有效防范化解各类风险挑战，确保社会主义现代化事业顺利推进"[2]，把我国发展的韧性和巨大潜力释放出来，转化为实现中华民族伟大复兴的强大动能。

我们所处的是一个充满挑战的时代，也是一个充满希望的时代。习近平新时代中国特色社会主义思想

---

[1]《提高防控能力着力防范化解重大风险　保持经济持续健康发展社会大局稳定》，《人民日报》2019年1月22日。

[2]《中国共产党第十九届中央委员会第五次全体会议文件汇编》，人民出版社2020年版，第85页。

是富有实践伟力的强大思想武器，它所蕴含的底线思维深刻反映了当今中国和世界之深刻变革的普遍规律，是在理论和实践结合上对中国之问、世界之问、人民之问、时代之问的科学回答。党用伟大奋斗创造了百年伟业，也一定能用新的伟大奋斗创造新的伟业。新征程是充满光荣和梦想的远征。前进道路上，无论是风高浪急还是惊涛骇浪，我们都要坚定信心、坚持底线、踔厉奋发、勇毅前行，为全面建设社会主义现代化国家、全面推进中华民族伟大复兴而团结奋斗！

第二章　底线思维的科学内涵

我们要善于通过历史看现实、透过现象看本质,把握好全局和局部、当前和长远、宏观和微观、主要矛盾和次要矛盾、特殊和一般的关系,不断提高战略思维、历史思维、辩证思维、系统思维、创新思维、法治思维、底线思维能力,为前瞻性思考、全局性谋划、整体性推进党和国家各项事业提供科学思想方法。

——习近平总书记在中国共产党第二十次全国代表大会上的报告

当今世界正经历百年未有之大变局,对于如何主动适应世界剧变、如何在复杂形势下紧抓发展机遇强化发展动能、如何积极应对国际国内新矛盾与新挑战,习近平总书记多次强调要增强包括底线思维在内的多种思维方式。中国共产党第二十次全国代表大会报告提出要以中国式现代化推进中华民族伟大复兴,提出推动我国迈上全面建设社会主义现代化国家新征程。

为了适应新时代治国理政的要求，更好地解决矛盾和迎接挑战，顺利实现中华民族伟大复兴，中国共产党人就必须不断提高"战略思维、历史思维、辩证思维、系统思维、创新思维、法治思维、底线思维能力，为前瞻性思考、全局性谋划、整体性推进党和国家各项事业提供科学思想方法"①。底线思维，是新时代新征程上中国共产党人应对各种风险挑战必须不断提高的科学思维能力，这种科学思维方法强调凡事从最坏处着手准备，努力争取最好的结果，这种科学思维方法对于推动新时代治国理政实践落地生根、对于应对我国发展环境深刻复杂变化具有基础性的保障作用。

一、底线概念与底线思维

习近平总书记早在 2014 年 4 月 25 日十八届中央政治局第十四次集体学习时就明确指出："必须清醒地看到，新形势下我国国家安全和社会安定面临的威胁和挑战增多，特别是各种威胁和挑战联动效应明显。我们必须保持清醒头脑、强化底线思维，有效防范、管

---

① 习近平：《高举中国特色社会主义伟大旗帜　为全面建设社会主义现代化国家而团结奋斗——在中国共产党第二十次全国代表大会上的报告》，《人民日报》2022 年 10 月 26 日。

理、处理国家安全风险,有力应对、处置、化解社会安定挑战。"① 总书记提到要善于运用"底线思维"的方法。那么,什么是底线?什么是底线思维?底线和底线思维之间又存在着什么关系呢?在此,须以底线概念的基本含义入手,讨论其狭义与广义、日常与学术的使用,进而将之在马克思主义哲学理论和中国特色社会主义实践中升华为系统的底线思维智慧,最后结合其核心要义和应用领域,面对新时代治国理政的复杂环境和关键问题,不断提升对底线思维概念的理解,不断增强对底线思维能力的掌握,不断深化对底线思维实践的落实。

(一)"底线"概念

"底线",顾名思义,就是体育活动中相关领域的最外侧刻度线,如足球、排球、羽毛球等运动场地两端的界线。"底线"也多被用来指称日常生活与工作学习中的衡量下限与行为下限,比如国家建立的国民领取最低生活保障金的收入最低线,又如人民群众在长期的社会交往中所形成的道德与伦理方面要求遵守的公序良俗,还如国家宪法与各项法律所设置的做人做

---

① 《习近平谈治国理政》第一卷,外文出版社2018年版,第202页。

事不可逾越的最低适用标准，以及商业运行与经济活动中规定的双方的基本权利与必要义务，等等。

　　上述种种衡量与标准，尽管形态不同、内容相异，但它们的共同特性就是，行为个体必须在不可跨越的临界线、临界点或临界域内活动；违反临界线、临界点或临界域相关行为就变成不可接受、不被支持、不能容忍，相关个体也将受到道德与法律的严惩。从这个意义上讲，底线作为一种严格的界限，是不可以被突破的警示，是不可以被逾越的告诫，是不可以被忽视的规制。底线是全社会所有个体必须自觉遵守的最大公约数，从唯物辩证法的角度来看，底线就是量变与质变间的临界值、关键点、警戒线，底线隔离着事物间的量变与质变，决定了事物本身的根本性质，揭示了事物状态之间的关系连续，影响了事物发展变化的前景预期。

　　古语有云，"凡事预则立，不预则废"，"备豫不虞，古之善教也"。这里的"预"与"备"就充分体现了底线的思维特征，所谓"预"，就是预知、预见、预防。所谓"备"，就是要对可能发生的意外变故，事前做好机制准备、策略准备、行动准备。这些脍炙人口的中国古语核心意思就是指，无论什么样的事，都要预先判断事情的走向，并且为最坏的结果作出应对

第二章　底线思维的科学内涵

的准备和努力。如此一来，最坏的情况可能得以避免，即使出现也不至于令人惊诧甚至陷入恐惧，以便妥善解决，最终达到事情发展的应有之结果，或者事情进行的原先之预期。虽然做好的后手准备常常可能没有用武之地，但这恰是为坏的可能所做的充分估计和预案，有了它才能摆脱"不虞"的境地，才能在局中下好先手棋、把握主动权，从而化解遇到的难题、直面诸多的挑战，真正做到从"守住"到"有为"。

（二）底线思维

从"底线"这个概念自然延伸，就可以讨论"底线思维"。但是"底线"不等同于"底线思维"，虽然底线与底线思维有密切联系，但二者也明显不同。底线是底线思维的一个基底概念，其核心所在是告诉人们这样一个道理，即事物的变化和发展总是存在着各种各样、不能跨越的底线。相较而言，底线思维则是对底线概念的高层次阐发和实践性总结，是一种系统的战略思维，其核心要义在于两方面。一是明确界限，指出事物发展具有一般性的底线这一客观规律，进而分析出着手之事中具体的需谨慎对待的底线，并由此合理推测出在现行战略规划下可能出现的风险和挑战，以及可能发生的最坏情况，做到心中有数；二是主动应对，底线思维并非单纯停留在认识层面，更重要的是通过系统的思考和运用告诉主体如何防患未然，化风险为坦途、变挑战为机遇，如何切实守住底线、远离底线、坚定信心、掌握主动，努力积聚最大正能量，实现最好的结果。

"底线思维"，简单地说，就是以事物保持自身本性及其发展的最低目标这一"底线"为基准，重在强调凡事从最坏处着眼、立足最低点，向最好处努力、争取最大期望值。强调的是凡事从最坏处着手准备，努力去争取最好的结果；蕴含着坚持实事求是、突出问题导向、秉持人民至上、彰显历史自觉、发扬斗争精神的哲学思维方式；启示了行为主体在处理事务的过程中，以底线思维武装头脑，为了最终达到和实现预设目标，对预知风险进行主动规避，在逆境中寻求机遇，在顺境中坚定信念，清醒自觉、坚持不懈、矢志不渝，获取美好结局。

底线思维的思考方式和实践路径是中国共产党特别是各级领导干部开展工作和解决问题时必须具备的基本素质，亦是应对世界格局百年巨变、满足人民对美好生活向往，以及以中国式现代化推进中华民族伟大复兴的必然要求。可以这么说，底线思维绝非僵化的铁律或者不变的教条，它渗透在中华民族各族人民

第二章　底线思维的科学内涵

群众的信仰之中，也融化于共产党人奋斗不息的血液之中，它是生机勃勃、充满活力的，它是伴随着全党同志与全国人民在面对时代变革和历史洪流时不断成长、不断更新，从而富有全新的意义。

底线思维是应对复杂世界百年巨变的有力武器。虽然当今世界和平与发展、合作与共赢的时代潮流仍然一往无前，但世界面临的不稳定性、不确定性问题也异常突出，世界经济复苏乏力，单边主义、保护主义、逆全球化加剧，恐怖主义、网络安全、气候变化等全球性挑战蔓延，特别是新冠疫情全球肆虐更加速了世界形势错综复杂。英国脱欧、俄乌战争、中美对抗等等，显示出世界政治格局仍旧处于动荡和风险之中。对这些问题的科学解答，必须坚持底线思维，各国人民的共同福祉和努力探寻全人类的共同价值这一发展的基本目标。"百年未有之大变局，概括起来说，就是当前国际格局和国际体系正在发生深刻调整，全球治理体系正在发生深刻变革，国际力量对比正在发生近代以来最具革命性的变化，世界范围呈现出影响人类历史进程和趋向的重大态势。"[1] 面对这一复杂变化，习近平新时代中国特色社会主义思想的底线思维

---

[1] 中共中央宣传部编：《习近平新时代中国特色社会主义思想学习问答》，学习出版社、人民出版社2021年版，第42页。

正是在科学把握世界发展大势、积极应对全球共同挑战、致力维护人类共同利益的过程中提出并不断丰富发展的。

底线思维是满足人民群众对美好生活向往的坚实屏障。如何把握人民日益增长的美好生活需要和不平衡不充分的发展之间的矛盾，是当代中国共产党人必须直面的人民之问，也是中国特色社会主义道路发展的阶段性检测。人民群众不仅对诸如教育、收入、社保、医疗等物质条件有了更高的要求，而且也期盼更加民主法治的政治生活、更加丰富多彩的文化建设、更加公平正义的社会环境、更加优美宜居的生态环境等。尤其面对新冠疫情的冲击，全国人民的学习、工作和生活受到挑战，对疫情防控与经济发展之间的平衡、对国内情况与国际形势的把握，是一次对中国共产党执政能力的严峻考验，共产党人必须坚持底线思维，统筹经济发展与社会安全，践行以人民为中心的发展思想，切实在困难面前有所作为，回应人民群众的期许，给人民群众以信心。

底线思维是以中国式现代化推进中华民族伟大复兴的必然要求。社会主义从来都是在艰苦奋斗中探索，从来都是在创新进取中开拓，从来都是伴随着形势和条件的变化不断发展。我们应当明确，新时代之所以

"新",是新在社会主要矛盾发生新变化、党的理论创新实现新飞跃、党和国家事业确立新目标、中国和世界关系开创新格局、中国共产党展现新面貌。新时代所蕴含的强起来的发展逻辑不可避免地带来了各种可以预见和难以预见的风险挑战,这些是当代中国共产党人必须回答的时代之问,底线思维正是在中华民族迎来从站起来富起来到强起来的伟大飞跃,在对科学社会主义的深邃思考、深刻总结,在对中国式现代化的不懈探索、砥砺前行中提出并不断丰富发展的。

(三)实践要求

底线思维概念蕴含着丰富的马克思主义思想,是中国共产党历代领导集体和无数共产党人的理论武器,是习近平总书记于中国特色社会主义进入新时代之际提出的治国理政的重要方法论。底线思维不仅具有发人深省的理论价值,它本身还体现出无与伦比的实践意义,因为在"立于最低点,实现最大值"这一大概描述中,不能忽视和省略的是,其间必然存在着海量的、艰苦的行动落实。这个过程中可能是顶层执政夜不能寐的战略制定,这个过程中可能是人民群众团结一致的支持配合,这个过程中还可能是基层干部的风尘仆仆、鞠躬尽瘁,这个过程中更可能是难以计数的一线战士的流血牺牲、分寸之争。因此，如果说理论成就是底线思维之体，那么实践要求则是底线思维之魂，底线思维自其未成熟之时就已活在人民、战士的行动中，底线思维自其诞生之后就用于指导实践而非仅寓笔墨之中。我们必须要从实践的角度着重阐述底线思维，因为只有在实践中运用的底线思维才是活着的底线思维。

"基于忧患，科学制策"，是底线思维实践要求的良好开端。居安思危是为了未雨绸缪，如果只是意识到事物发展中的隐藏危险，看到了事物进程中的不良趋向，而不去制定策略加以防范，那么危险仍然是危险，问题依旧是问题。底线思维教会我们的是，要在危机来临之前围土筑堤、垒石做坝。具体来说，基于忧患之所以是必要的，是因为没有忧患就没有问题预期，没有忧患就没有防范导向，底线思维的底线不是随手一划，也不是盲目禁令，而是在合乎逻辑的推测与经验积累的加持下产生的，这就是忧患的真正价值。科学制策之所以是必要的，是为了做好防范，最好是保证病疫于未发，或者次之毙敌于萌芽，最差也要救火于城门而不殃及池鱼。好的估计会帮助形成好的预案、好的策略，这些都是在事物发展还未显露眉目之时完成的，此时能够做好的工作就是以上，这是一个尝试知己知彼的阶段，并且最大程度做好准备尽量实现百战不殆。正如在围棋比赛中，落子不悔，而且开局之后下棋有时限，越是高端的棋手越是能够预算更多步骤，因此占据先机就显得尤为重要。

"化险为夷，坚守阵地"，是底线思维实践要求的关键环节。根据预测险情进行策略制定只是底线思维落于实践的第一步，现实情况中，事物发展过程具有复杂多变的非预测因素，极有可能与预制策略产生误差，所以想要做到化险为夷不是单靠对事前打算的单纯重复就可以实现的。身处事发之时，既需要对预案底线的坚守，也需要根据实际情况适当发挥主观能动性，这要求我们应当科学把握历史的发生规律，深刻洞见事物的发展趋势，善于在挑战中看到机遇，善于在变局中积攒力量，善于在困局中转危为安，总之就是吸收一切利于目标实现的资源，使用一切能够接近成功的手段，努力促进局面朝向我们乐于接受的面貌发展。具体而言，一是要把握事关全局的重大问题和关键矛盾，即能够切中要害以达到事半功倍的效果，发挥杠杆作用，用较少的代价完成较多的逆转，正所谓"射人先射马，擒贼先擒王"。二是要能够从变局、困局之中看到机遇、抓住机遇，要知道做事总是"三分天注定，七分靠打拼"，天道或许无常，但人事必须尽力，机会总是留给有准备、有斗志的人的。三是要努力把承担风险的压力转化为更进一步的动力，激发勇气，聚合人心，最大限度发挥才智，最大程度集中力量，从而形成更多思路、办法和举措，赢得接下来斗争与发展的主动权。

"勇于亮剑，斗争到底"，是底线思维实践要求的重要结尾。底线思维中，守住底线不是事物发展或者完成工作的尾声，转危为安也不是可以懈怠松气的时刻，必须牢记应当尽最大努力去实现最好的结果，在斗争的决战中，勇于亮出可能历经钝挫有些许磨损的宝剑，直到最大程度上令人满意的终局。底线思维启示我们，在工作中要敢于"啃硬骨头"、要大胆"吃螃蟹"、要坚持"最后一公里"，敢为人先和模范担当从来不是一句空话，共产党人要能够在关键时刻站出来，走别人不敢走的路，站别人不愿站的岗，这一切都是为了国家的繁荣昌盛，都是为了人民的幸福安康。具体来说，是要求在改革开放、稳定发展中持续推进而不胆怯退缩，在全面从严治党上"老虎苍蝇一起打"，在维护国家核心利益上坚定立场、明白是非，在意识形态问题上勇于同各种错误思潮和歪风邪气作斗争。为此，一是要以无私无畏的品质和乐于奉献的精神主动担负起身上的责任，二是要以不屈不挠的意志和坚持不懈的干劲应对出现的风险挑战,三是要以科学制定的策略在斗争中灵活机动做到有理有利有节,四是要以过硬的身手本领直面各种有意突破底线、尝试威胁成果的敌对势力。

综上,当前中国共产党的中心任务就是团结带领全国各族人民全面建成社会主义现代化强国、实现第二个百年奋斗目标,以中国式现代化全面推进中华民族伟大复兴。因此,深入研究习近平新时代中国特色社会主义思想的底线思维,整理其构成资源、梳理其形成历史、把握其精髓要义,对于准确研判国内外复杂形势中的重大风险挑战,启发构建危机状况下的防范机制预案,最终推进社会主义现代化强国建设,顺利实现中华民族伟大复兴,具有十分重要的理论价值与实践意义。

二、底线思维的基本特征

底线思维,就是保证最低目标,立足最低点,从可以考虑到的最坏处出发,争取最大期望值的一种积极的思维方式。底线思维的运用过程包括:根据主体目标和客观情况确立事物底线,结合发展规律进行前瞻预测,研判最坏结果与最好收益,制定防御机制和进取策略，控制变动因素稳固最终成果。由此可见，底线思维是一套具有时间跨度、空间整合并充满辩证统一的系统性方法论。其核心在于着眼于负面后果建立防范体系，同时又坚定信心争取最大期望值，这里面既需要我们以未来导向进行逻辑推演，又需要我们着眼当下努力践行；既需要我们仰望星空求取总体最好结果，又需要我们脚踏实地坚决保卫底线；既需要我们心系人民维护公平正义，又需要我们排除万难提高工作效率。善用底线思维的方法，就是凡事从坏处准备，努力争取最好的结果，做到有备无患、遇事不慌，牢牢把握主动权。大致来讲，底线思维具有如下特征。

（一）前瞻性

底线思维着眼于防患未然、化危为机，具有未来导向。只有预先看到事物发展的前途和趋向，及时察知萌芽中的危险，预先做好计划准备，才能减少风险、化解危机。明确底线是什么、研判底线在哪里，是底线思维的前提条件，而明确底线之后科学地设定底线，进而采取举措守住底线，是运用和贯彻底线思维的重要环节。围绕防卫底线提前做好筹划安排，未雨绸缪制定预案，是底线思维对现实世界各种变化因素的积极反映，也是前瞻性的集中体现。一方面，我们需要科学

第二章 底线思维的科学内涵

预测突破底线可能带来的不利后果，另一方面，也要预见到如何采取行动可以避免或减弱危机。运用底线思维，就要强化前瞻意识，做到深谋远虑、未雨绸缪，把工作预案做周详、做扎实，把各种可能发生的风险和不利因素充分估计到位，进而做到临危不惧、处变不惊。这就要求我们时刻关注和研究事物的发展变化，在某种可变因素即将突破边界使事物发生质变之前，更好地加以应对。在特定情境下人的认识能力是有限的，而客观事物是不断发展变化的，说明必然存在许多难以预知的、随时可能出现的意外事件。这就要求我们常存戒慎之心，绝不能盲目乐观。对于要实现的目标要作前瞻性思考，以寻求长远发展之策。

（二）主动性

底线思维绝非机械式地消极防御和被动应对，而是要积极主动、开拓进取实现目标高线。它是一种根据事物发展的客观规律，科学地设定最低目标，立足最低标准，以争取最好结果的思维方式。守住底线只是最基本的要求，换言之，守住底线是底线思维的底线，而底线思维的高线则是努力达到事物的最好结果，这个过程需要行为主体充分发挥主观能动性，动用一切有利条件扩大最大值。底线思维的主动性特征，实质是不能以不逾越底线或以达到最低目标为归宿，是要在不突破底线的基础上，积极主动地奋力寻求实现登攀高线的有效举措。底线思维不是为主体画地为牢，为了不犯错误而缚住手脚，而是鼓励人们在确保最低目标的前提下，取得期望成果的最大化，产生最好的效果和回报。人们对底线思维最大的误解是守住底线就万事大吉了，这种理解是片面的、形而上的。

（三）创造性

底线思维不是绝对静止的一潭死水，而是能够在事物动态发展的过程中展现出极大的创造空间。在理论层面，底线思维不仅与中华优秀传统文化息息相关，也与马克思主义哲学丰富内涵联系紧密，它是在长期的理论建构与反复考验中产生的，是广大中国共产党人在长期艰苦卓绝的理论探索中得出的智慧结晶。真理发现的过程往往是螺旋上升的，底线思维的发展之路亦不是于此时此刻、笔落于纸而走到了尽头。我们必须根据时代要求与实际情况大力发挥创造力，应对新问题、破除新困难，这才是底线思维富于生命力的重要彰显。在实践层面，底线思维不仅深入铭刻在广大人民群众的劳动生活中，也寓于共产党人不懈的百年奋斗中。在一般层面上讲，底线思维的创造性在于对工作行动的广泛性指导，它总是能够在困境与险情之时给予我们光明的方向；在特殊层面上讲，其创造性与手头上或眼前的具体任务密不可分，经验的无限性给予了认识的不断深化的可能，中国特色社会主义道路的光明前途，也必将使底线思维不断更新发展，展现出更大的创造空间。

（四）价值性

底线思维蕴含着趋利避害的价值取向，从坏处准备，争取最好的结果，这本身就是一种求进、求善、求真的方法途径。底线思维的底线无疑是客观现实的，但它同时也是存在价值取向和行为偏好的。无论如何，底线思维是关于人类主体的思维，方法实践也脱离不了人类主体而自存。正如果树只有在适当的气候和土壤条件的区域之内，才能结出理想的果实，一旦超出这个区域，必然会影响长势甚至凋亡。在事物的某种规定性范围内，底线就是从对到错、从好到坏、从利到害的无形边界，决定了主体可以承受还是不能承受，客体得到实现还是彻底消亡，主客能够平衡还是严重失衡。逾越底线，必然导致事物的性质发生根本变化，而且对于从事这项工作的主体也会产生重大伤害。由此可见，从价值伦理的角度来讲，可以说底线思维是有着鲜明的价值取向的。底线思维要求以预期目标为导向，着力防止越界导致事物性质和方向发生根本改变，避免重大风险发生，确保主体的利益和安全。这要求我们推动改革发展的工作中，在底线问题上要坚持原则，关注人民诉求和人民利益，切实做到以人为本，牢牢把握事物发展的主动权，更好地为人民谋福利。

（五）辩证性

底线思维的科学内涵和实践运用富于辩证性。底线概念本身既是客观的又是相对的，从本质上讲是绝对性与相对性的统一。事物的产生、发展、消亡过程由诸多因素构成，构成事物的每一种质又都有各自无限多的量的分布，这就意味着必须善于抓住主要矛盾、抓住主要矛盾的主要方面，按照我们自身的切实需求和事物的问题关键进行抉择。底线在实际情况中通常是一个宽泛指称，具有一定的自由空间，这就要求我们既坚持原则，即守好底线、不突破极限，又保持灵活，即在底线之上游刃有余。因此，在底线的确定上，我们要实事求是，一切从实际出发，但在坚持底线、坚守底线的问题上，又是绝对的、无条件的，这便是底线思维概念的辩证性所在。另外，底线思维的运用，或者底线能力的发挥，既要求风险意识与机遇意识的辩证统一，又要求前瞻主动和防御固守的辩证统一，还要求客观现实与未来期许的辩证统一、目的达成和价值取向的辩证统一，等等。

（六）整体性

底线思维的适用场景各种各样，底线思维的作用领域宽广辽阔，更重要的是，在问题视域内的部分与要素之间能够在底线思维的加持下构成联系、达到统一，进而实现问题最优解、达到总体最大值。底线关乎安全稳定大局，关乎国家民族前途命运，中国式现代化征程已经开启，现代化强国建设处于由大向强的关键期，全面深化改革依然任重道远，各种社会矛盾繁复纷杂，经济社会发展如履薄冰。这就要求我们从两个大局出发，审视和研判我们所处的历史方位和总体形势，守住不发生系统性风险的底线，牢握独立自主、持续发展、繁荣强盛的动力源。坚定不移推进"五位一体"总体布局和"四个全面"战略布局，是底线思维的整体性运用，用政治、经济、文化、社会、生态的全面发展来保障现代化建设的质量和水平，用宏伟蓝图来引领民族复兴的稳步推进，用改革创新来推动发展巨轮破浪前行，用社会主义民主法治来实现人民当家作主，用党内民主自省自纠来重塑政治生态。

三、底线思维的应用逻辑

底线思维能力，就是客观设定最低目标，立足最低点，争取最大期望值的能力。底线思维最突出的实践效用在于提升防范化解风险的能力水平。各级领导干部必须掌握并自觉应用这一方法论武器，不论是顶层设计还是基层落实，要时刻把底线思维放在心中，付诸实践，取得成果。底线思维的形成、应用与发展变化有其内在固有的基本逻辑，具体而论，可从几个角度对其加以认识。

（一）底线是临界线

从客观规律角度看，底线是临界线。底线通常为人们所指的红线、下限，也是事物由量变到质变的临界线，一旦触及或突破临界线，事物的性质便会发生根本变化。不论在自然界还是人类社会中，这些临界线都以客观规律的形式广泛存在。比如，在自然中，零度将水和冰区分开来；在社会中，党纪国法把守法公民、合格党员和违法乱纪分子区分开来。这些临界线是事物本质规定性的分界点，一旦突破，某种事物"是其所是"的根本依据就会荡然无存。就如同一旦违反或背弃了科学社会主义的基本原则，中国特色社会主义也就谈不上社会主义了；还如同一旦丧失了共产主义的远大理想，共产党员也就必然名不副实、蜕化变质了。由此，在实践上，就必须对决定事物属性根本分野的临界线给予准确认知，这是在实践中用好底线思维的认知前提和逻辑基础。

（二）底线是目标线

从主体目标角度看，底线是目标线。底线通常都是临界线，但并非所有的临界线都能够成为底线。底线是在主体最低的理论期望与基本实践的目标划定中产生的。因此，就目标尺度而言，底线是实践主体根据客观规律以及主体的基本需求二者之间的综合作用而确定的。换句话说，目标底线的产生并不是天然存在的，而是主体在把握规律基础之上，根据历史方位以及应用条件作出的能动选择。科学划定目标底线离不开实践主体的科学研判，一旦目标底线的设定脱离实际，不论消极落后抑或是激进超前，都会给我们的事业带来损失甚至灾难。这就要求我们在设定目标底线时，既要考虑目标底线是否符合当前发展阶段的真实水平，又要考虑目标底线是否能够获得实践能力以及实践资源的充分支撑，更要考虑目标底线是否符合价值规范的基本约束。

（三）底线是警戒线

从行为界限角度看，底线是警戒线。如果仅仅将思维和实践的深度停留在目标层面的底线，怕是难以有效确保目标底线的作用。比如在全面从严治党过程中，所谓"动员千遍，不如问责一次"。没有切实行动作为保障，任何目标底线都无法牢固，最终难逃沦为纸上空谈的结局。显然，目标层面的底线必须进一步被解析为行动层面的基本原则乃至具体的规范。特别是要尽可能地明确，为了达成目标底线，哪些根本原则是必须遵循的，哪些规定禁区是绝不能涉足的，哪些行动又是必须毫不动摇、落实到底的，等等。在此，底线也就转化为了行动维度的警戒线，即应当遵循的原则如若没有遵循，目标底线便会受到损害。另外，必须加以留意的是，从行为界限角度来看，行动底线理应和目标底线相联系、相适应，底线过宽，难以保证最低期望；底线过严，又会压缩行动空间。俗话常说，面对风险，要"有所准备"。不仅要有思想上的准备，更要有行动上的准备。不仅要有事前防范风险的准备，更要做好风险一旦发生该如何应对的准备。只有这样，才能尽可能地实现防患于未然，化风险于无形，除病疾于未发。即便不好的后果真的来临，也能做到遇事不慌，将损失减少到最小。

（四）底线是安全线

从行动结果角度看，底线是安全线。一旦在行为界限上稳守底线，通常能够保证目标底线的达成，实践主体由此也牢牢地将自身置于安全范围之内。而在安全线之下，后果将会不堪设想、超过负荷，所有其他成果的成功意义都会随着底线的突破而化为云烟。处于安全线之上，便可以做到从心所欲而不逾矩，一切有利因素都会成为实践主体能够调动的资源，也就赋予了主观能动性得以充分发挥的自由空间，创造了实践主体追求高线目标的行动空间。中国共产党人的底线思维，是将后顾防御和积极进取辩证统一起来的科学思维，对于底线的忧患，绝不仅仅是单纯的风险意识，更重要的是还承载着使命担当的进取意识。凡事从坏处准备，与此同时，努力争取最好的结果。底线思维的核心效用在于防范风险，但最大效用却是在化解危机的基础之上寻求实践的最优解。绝不能孤立地、机械地或者片面地强调某一方面，而置其他因素于不顾，这是不可取的。

（五）底线是生命线

从重要意义角度看，底线是生命线。凡是称得上底线的事情，往往是关乎某一事物生死攸关的大事，底线不仅是成功与失败的分界线，还是生存与毁灭的分界线，毫不夸张地说，底线在则生命在，底线亡则生命危。比如，对于一些恒温动物而言，一个温度的数值就决定了其生存状况的安康；对于一些树木灌丛来说，一条年降水量线就预言了其生长命运的未来。正是由于底线如生命一般重要，我们必须坚定不移地把底线命脉牢牢地掌握在自己的手中，要不断增强稳守底线的能力，要发展创新底线思维的理论，要踏实践行底线预期的目标。无论何时，一旦丧失了底线或是把底线能力寄托在他人身上，轻则漂若浮萍，身不由己，重则委以重任，投以艰难使命，这里表达应该是贬义，用这个成语不合适，甚至可能会陷入"人为刀俎，我为鱼肉"的覆灭境地。这启示我们，必须坚定不移走中国特色社会主义道路，坚决与改旗易帜的歪风邪气和威逼利诱的资本渗透斗争到底。

四、底线思维的根本抓手

习近平总书记在 2019 年 1 月 21 日省部级主要领导干部坚持底线思维着力防范化解重大风险专题研讨班开班式上强调，"我们要统筹国内国际两个大局、发展安全两件大事,既聚焦重点、又统揽全局,有效防范各类风险连锁联动"①,这就要求我们必须着眼于经济建设、政治建设、文化建设、社会建设、生态文明建设这五大关键领域,将底线思维与"五位一体"建设有机结合在一起,既要有防范风险的先手,也要有应对和化解风险挑战的高招;既要有抵御风险的准备,也要有化险为夷、转危为机的本领。

(一)经济建设中的底线思维

经济建设是国家建设的核心工作,也是我们党执政为民的根本任务,在经济建设工作中首要工作就是抓好经济健康持续增长,党要带领全国人民下好经济建设这盘大棋。经济建设是一件高度复杂的事情,既需要经济不断增长,但同时又要破除唯经济论的错误倾向,特别是容易遭到忽视的那些隐藏在社会矛盾中的问题,长期来看将会破坏或消解我们在经济建设中所取得的伟大成就。因此必须要高度重视经济建设中的底线思维观念,既要瞄准发展经济所必需的宏观目标与数字,同时又要牢牢守住经济发展的底线。

随着当前我国经济发展总体进入新常态,经济发

---

① 《提高防控能力着力防范化解重大风险　保持经济持续健康发展社会大局稳定》,《人民日报》2019年1月22日。

展的速度、结构与质量就成为经济的三大重点内容。"'十四五'时期是我国全面建成小康社会、实现第一个百年奋斗目标之后,乘势而上开启全面建设社会主义现代化国家新征程、向第二个百年奋斗目标进军的第一个五年,我国将进入新发展阶段。"① 新发展阶段,我们要高度坚持稳中求进、稳中求快的思想,实现稳与快的结合。特别是当前国际新冠疫情仍在流行,国内管控逐步有序放开情况下,经济发展面临新的局面。"进入新发展阶段,国内外环境的深刻变化既带来一系列新机遇,也带来一系列新挑战,是危机并存、危中有机、危可转机。我们要辩证认识和把握国内外大势,统筹中华民族伟大复兴战略全局和世界百年未有之大变局,深刻认识我国社会主要矛盾发展变化带来的新特征新要求,深刻认识错综复杂的国际环境带来的新矛盾新挑战,增强机遇意识和风险意识,准确识变、科学应变、主动求变,勇于开顶风船,善于转危为机,努力实现更高质量、更有效率、更加公平、更可持续、更为安全的发展。"②

把握经济形势"稳中向好"的总体大势。当前我

---

① 习近平:《在经济社会领域专家座谈会上的讲话》,人民出版社2020年版,第2页。
② 习近平:《在经济社会领域专家座谈会上的讲话》,人民出版社2020年版,第4页。

国经济发展进入了新常态时期，尽管面临的形势异常严峻，困难与风险日益增多，但仍要对经济发展保持信心。我国仍然处于重要的战略机遇期，一方面我们要增强信心，从当前经济局面上与国际经济形势上作出横向对比，增强战略定力；另一方面要对我们当前的经济工作作出深入判断，抓住关键环节，防范可能发生的各种风险，做好预判做好准备，及时采取措施化解可能发生的各种问题。"新常态不是一个避风港，不要把不好做或难做好的工作都归结于新常态，似乎推给新常态就有不去解决的理由了。新常态不是不干事，不是不要发展，不是不要国内生产总值增长，而是要更好发挥主观能动性，更有创造精神地推动发展。"[①]

（二）政治建设中的底线思维

中国共产党作为一个马克思主义政党，必须要旗帜鲜明讲政治，这是我党在新时代新时期治国理政的必要前提，也是我党执政为民、立党为公的根本要求。坚守政治底线必须围绕方向性和纪律性两个重点，在政治方向上做到不偏离、不动摇，在政治纪律上要保持纯洁性、先进性。切实在中国特色社会主义道路和

---

① 《习近平谈治国理政》第二卷，外文出版社2017年版，第249页。

中国共产党党风作风两方面的工作上取得新成就。

　　坚定社会主义方向是指"中国共产党领导中国人民开辟的中国特色社会主义道路是正确的，必须长期坚持、永不动摇"①。马克思主义来到中国，从萌芽到茁壮，是无数先烈英雄用鲜血浇灌出来的，是无数知识分子在实践中探索出来的，只有马克思主义能够彻底推翻压在人民身上的三座大山，能够给这个拥有五千年文明却积疾积病、满目疮痍的中国带来新生，真正救人民群众于水火之中，扶社稷于将倾之时。所以，中国特色社会主义发展道路是经过实践检验的、适合中国国情的、契合人民期许的科学发展之路。这要求我们既不能走封闭僵化的老路，也不能走改旗易帜的邪路，必须清醒认识到旗帜与道路问题至关重要，关乎党的命脉、国家前途和民族命运。坚持马克思列宁主义、毛泽东思想、邓小平理论、"三个代表"重要思想、科学发展观和习近平新时代中国特色社会主义思想为指导，绝不能丝毫动摇和流于表面，而应作为全党共识，凝聚力量，成为维护国家安全稳定和巩固人民民主专政的政治底线。

　　保持党的优良作风与党的前途命运乃至生死存亡

---

　　① 习近平：《在庆祝中国共产党成立95周年大会上的讲话》，《求是》2021年第8期。

息息相关，要紧抓反腐倡廉红线，永葆廉洁政治本色。习近平强调，"作风建设永远在路上，巩固拓展整治'四风'成果，保持优良党风政风"①。面对社会主义市场经济不断发展、国家物质水平不断提高的当下，一些利益诱惑和不正风气开始侵蚀部分党员和干部，部分党员干部失去党员底线、做人底线、干部底线、国家公职人员底线，各种贪赃枉法、徇私舞弊的堕落行为抹黑了党的光辉形象，破坏了政府的行政威信，如此下去甚至会使党脱离人民群众，丧失领导地位。越是和平年代，越是国泰民安，就越显示出一个政党的建设水平是否能够做到气象更新、清醒自觉。这要求每一个中国共产党人，小到生活中的为人处世，大到工作上的权衡利弊，从思想到行为，从理论到实践，都要不忘初心、坚守底线，既要树立良好的作风观念，又要坚持高尚的品格操守，始终不能辜负广大人民群众托付给自身的政治使命，不能忘却党和国家给予自身的培养和信任。

（三）文化建设中的底线思维

黑格尔说，"一个有文化的民族"，如果没有哲学，

---

① 《树牢"四个意识"坚定"四个自信" 坚决做到"两个维护"勇于担当作为 以求真务实作风把党中央决策部署落到实处》，《人民日报》2018年12月27日。

"就像一座庙,其他地方都装饰得富丽堂皇,却没有至圣的神那样"。① 这句话同样适用于文化本身,一个国家即使拥有着极为丰富的物质基础,但如果其没有独具特色的文化建设,那么将毫无光彩。文化是民族精神的象征,是凝聚力量的纽带,是千百年来一代又一代血脉相连的人们之间情感的传承,是广袤大地上山海相隔却无法分离的共同归宿。文化软实力已经成为综合国力的重要方面,中国的社会主义现代化建设必然要求中国大力发展具有自身特色的社会主义文化。我们既不能夜郎自大,不加反思与审慎地固守传统文化,也不能陷入虚无主义、唯西方文化论,而处处受人掣肘。坚守文化底线,就是树立文化自信,坚定文化立场,摆脱古今与中西选择的两难困境,立于民族文化之基,强健马克思主义之本,构建中国特色社会主义文化体系。

文化建设必须厚植优秀传统文化。保持传统文化活性,牢守传统文化源头是文化建设的一条底线。习近平多次强调:"中华优秀传统文化是中华民族的突出优势,是我们最深厚的文化软实力。"② 他所提出的

---

① 黑格尔:《逻辑学》上卷,杨一之译,商务印书馆2017年版,第2页。
② 《胸怀大局把握大势着眼大事 努力把宣传思想工作做得更好》,《人民日报》2013年8月21日。

第二章　底线思维的科学内涵

"创造性转化，创新性发展"原则是对早些时候毛泽东主张的"取其精华，去其糟粕"理念的传承与发展，显示了中国共产党一直以来就是中华优秀传统文化的忠实继承者与弘扬者。具体而言，我们应当以三个层次的工作着手铭刻优秀传统文化之底线。首先是保护，即对传统文化资源进行整理保护，以达到固本清源的目的。其次是传播，即在中国传统文化走向世界的传播中赋予其活力，不断扩大与世界文化的交流，提升其国际影响力。最后是创新，即通过时代背景的新平台、新视野将传统文化与广阔市场相融合，积极吸引年轻一代的兴趣，进行创新性发展而使之展现出新的面貌。中华优秀传统文化与现当代中国共产党领导形成的时代文化共同铸就了中华民族之魂，见证了五千年以来这片伟大土地与伟大人民的光辉履历，忘却历史、泯灭文化是绝不能被容忍的。

文化建设必须坚持马克思主义导向。意识形态工作极为重要，直接关系国家的发展前途与存续问题，马克思主义作为中国特色社会主义道路、理论与制度的根基，必然也必须在文化建设中始终处于主流位置。回顾历史不难发现，社会主义国家先驱苏联的解体，一大因素就是社会主义意识形态弱势，被资本主义文化大肆渗透。中国要想更好地应对意识形态挑战，需要加强自身的主流文化建设，构建宣传主流文化的话语体系，正如习近平总书记着重强调的"讲好中国故事，传播好中国声音"①。具体来说，就是坚持文化发展的马克思主义立场和方向，加强马克思主义宣传教育，弘扬社会主义核心价值观，如发展完善高校思想政治教育体系，重视现实、网络空间的舆论导向和创新普及。总之，无论个人层面还是国家层面，无论文化内容交流还是意识形态交锋，关键在于时刻警醒、防范、化解重大风险，大是大非面前要有原则有立场，敢于拿起理论武器，坚定不移捍卫中国特色社会主义道路。

（四）社会建设中的底线思维

社会底线是中国进入新时代治国理政的重要抓手，社会稳定和人民安全是国家战略实现的基石。时间来到 21 世纪的第三个十年，我们党正在经历着许多伟大斗争，要实现许多伟大目标，也即将迎来诸多前所未有的新挑战、新风险。习近平总书记提出的中国特色社会主义现代化离不开马克思主义总体国家安全观作为防范底线，要直面问题、正视矛盾，凡事从坏处准

---

① 《加强和改进国际传播工作　展示真实立体全面的中国》，《人民日报》2021 年 6 月 2 日。

第二章　底线思维的科学内涵

备,有备无患、遇事冷静,牢牢把握主动权。只有通过前瞻的眼光配合以切实的践行,不断增强观察事物、分析症结、解决问题的能力,才能稳步推进我国的现代化建设,早日实现中华民族伟大复兴。

社会建设要以国家总体安全作为不可突破的底线。当前我国面临复杂多变的安全和发展环境,各方各面可预见和难预见的、突发的和累积的风险因素明显增多,维护国家安全关乎国家生存发展,紧系全国各族人民的切身利益。任务越是艰巨,越是要求我党巩固执政地位,团结带领人民群众坚定不移发展中国特色社会主义,把国家安全当作头等大事,居安思危、忧患与共,固守底线。总体国家安全观是习近平新时代中国特色社会主义思想的重要组成部分,覆盖政治、经济、文化、国土、军事、科技、生态,以及深海、太空、极地等诸多领域。社会建设必须贯彻总体国家安全观,不仅要重视外部安全,还要重视内部安全,不仅强调国土安全,还要强调国民安全,不仅突出传统安全,还要突出时代安全。总之,要统筹好安全问题与发展问题,使得国家稳定进步与持续进步,构建一个和谐美丽而又繁荣昌盛的社会局面。

社会建设要以全体人民安全作为不可逾越的底线。我国是以工农联盟为基础的人民民主专政的社会主义国家，我党始终坚持为人民服务的宗旨并代表最广大人民群众的根本利益，故人民安全是国家之本，人民安全是立党之基。人民安全是国家安全的集中体现，没有人民安全就没有政治安全，更别说经济乃至文化等安全。人是社会关系的总和，而社会又以人为主体，自古以来无论哪个国家发生叛乱动荡或者崩溃瓦解，都是人民安全受到了极大威胁，人民安全得不到保障。一个不能保卫自己人民安全的政权决然不能获得人民的拥护，那么它被人民抛弃也在所难免。习近平总书记指出："强化底线思维，以坚决态度、有力措施，严厉打击各种暴力恐怖犯罪活动，全力维护社会稳定，保障人民群众生命财产安全。"[①] 人民安全无小事，作为国家安全的核心内容，作为社会稳定的强力支柱，不论是生产安全，还是生命安全、公共安全，抑或是更为基础的食品药品安全，都应列入社会建设的底线，以坚定维护和捍卫党的领导，促进国家长治久安，实现人民安居乐业。

（五）生态文明建设中的底线思维

人与自然是牢不可破的生命共同体，人类不能无

---

① 《要求全力侦破案件 依法从严惩处暴恐分子 精心做好受伤和遇难群众的救治和善后工作》，《人民日报》2014年3月2日。

止境地沉迷于利用自然、改造自然，更应该保护自然、修复自然，进而与自然和谐相处。强化生态文明思想和生态环境保护是生态建设的重要内容，是国家发展、人民幸福的政治责任。坚守生态底线，不仅要从生产方式、生活方式、思维方式和价值观念上深刻变革，还要依赖顶层设计进行制度保障和法制完善。习近平总书记于 2019 年在北京世界园艺博览会开幕式上讲话指出，建设美丽家园是人类的共同梦想。① 这一论述深刻地把握到生态环境之于人类幸福生活和文明发展的重要意义，面对地球整体资源的有限性，各国必须摒弃无序竞争、占有、开发的传统思路，面对人类社会加速进步的大势，我们应当明确生态底线，维护生态平衡，保护生态环境，切实促进能源革命，更新经济发展模式。

生态文明建设必须落实环境保护与节约资源的基本国策。良好的生态环境是普惠民生福祉的公共产品，是关乎最广大人民的根本利益，是中华民族长远发展的重要保障。环境保护与污染治理极具紧迫性，要从全局着眼，从整体出发，标本兼顾，统筹安排涉及森林、草原、湿地、耕地、荒漠、海洋、河流以及大气

---

① 参见《习近平出席二〇一九年中国北京世界园艺博览会开幕式并发表重要讲话》，《人民日报》2019 年 4 月 29 日。

等生态系统，并重视它们之间彼此制约和相互影响的关系。正如习近平总书记在全国生态环境保护大会上指出："生态是统一的自然系统，是相互依存、紧密联系的有机链条。人的命脉在田，田的命脉在水，水的命脉在山，山的命脉在土，土的命脉在林和草，这个生命共同体是人类生存发展的物质基础。"[①] 节约资源则要求我们防止对自然的过度索取和利用，积极转变发展方式，提高生产力，鼓励集约型环保产业，淘汰落后产能，减轻环境压力。毕竟，我国已经进入社会主义现代化的新征程，经济水平与发展诉求不同以往，应当破除"先发展后治理"的老路，习近平对此指出："过去由于生产力水平低，为了多产粮食不得不毁林开荒、毁草开荒、填湖造地，现在温饱问题稳定解决了，保护生态环境就应该而且必须成为发展的题中应有之义。"[②]

　　生态文明建设必须强化生态文明思想，完善生态保护制度，并将其渗透落实到人们的内心和日常，以此打造充盈全体社会的重视生态、保护环境的新风气。生态文明建设工作离不开社会各主体的共同参与，企

[①] 中共中央宣传部、中华人民共和国生态环境部编：《习近平生态文明思想学习纲要》，学习出版社、人民出版社 2022 年版，第 71 页。
[②] 中共中央文献研究室编：《习近平关于社会主义生态文明建设论述摘编》，中央文献出版社 2017 年版，第 14 页。

业要积极响应国家号召,自觉进行产业升级,去除粗放的生产模式,提高资源利用效率,勇于承担公益责任和节能义务。国家应健全相关制度,主导环境治理与保护,推动生态文明体制改革,形成以国家公园为主体、自然保护区为基础、各类自然公园为补充的自然保护地体系,促进生物多样性保护与发展,健全各类生态系统功能发挥与联系。人类个体是生态文明建设的关键一环和最终节点,应当把生态底线铭刻于心,主动学习吸收生态文明思想,投身世界环境日、植树节、"地球一小时"、动物保护日等活动中,进行实践与宣传,培养与巩固自身的环保节约意识,并在社会消费中倡导绿色消费、反对铺张浪费,发挥模范带头作用,积累点滴善行以推动国家生态大计。

底线思维的应用领域和作用场景远不止以上,它还在党的建设、国家外交、军事安全等较大的问题上十分重要,也在科学技术创新、农村粮食生产、医疗教育完善等更为具体的问题上扮演着难以替代的角色。可以说,在中国这片充满希望与机遇的土地上,处处是底线思维的抓手,面面需底线思维的观照,人人是底线思维的践行者。祖国的建设是每一个公民责无旁贷的义务,社会的总体进步离不开各方各面的短板补齐,文明的繁荣延续要求警惕所有存在风险的因素,所以底线思维无论怎样强调、无论如何重视、无论多么宣传都是不为过的。我们不仅要知道它是什么，还要明晓它该如何运用，亦要清楚它的效用范围，更要促进它的更新完善，这是无数的共产党人在党中央的领导下投身中国特色社会主义现代化建设的斗争中，进而领会于心、铭刻于身的重大课题。

综上所述，底线思维作为中国特色社会主义科学思想方法的重要内容，其核心要义可以总结为"从最坏处着眼，做最充分准备，朝好的方向努力，争取最好结果"。其中蕴含着丰富的实用价值，具有重大的指导意义，在经济、政治、文化、社会、生态等方面发挥着重要作用，是广大共产党人工作实践中不可或缺的制胜法宝，必须常学常新、常用常能。要求共产党人必须充分吸收思想方法，深化武装头脑，在为人民服务的行动上展现底线能力，结合自身实际情况灵活运用，创造发展，在中国这片社会主义的沃土之上挥洒汗水，发光发热，在中国式现代化建设的征程上为推进中华民族伟大复兴的时代伟业添砖加瓦。

第三章　底线思维的思想基础

深刻认识和准确把握外部环境的深刻变化和我国改革发展稳定面临的新情况新问题新挑战，坚持底线思维，增强忧患意识，提高防控能力，着力防范化解重大风险，保持经济持续健康发展和社会大局稳定，为决胜全面建成小康社会、夺取新时代中国特色社会主义伟大胜利、实现中华民族伟大复兴的中国梦提供坚强保障。

——习近平总书记在省部级主要领导干部坚持底线思维着力防范化解重大风险专题研讨班开班式上的讲话

底线思维，是我们党长期以来治国理政的思维方法体系的重要内容，是我们党在面对经济、政治、文化、社会、生态文明和党的建设等各个方面上的思维武器。底线思维不仅在哲学上生动体现了马克思主义的唯物辩证法，还在文化上汲取了中国传统文化的精华，也审慎批判地吸收了世界范围内的优秀成果，并且在社会风险的历练锤打中逐渐完善。因此，深刻理解和掌握好底线思维的思想基础，对于我们深刻理解习近平新时代中国特色社会主义思想、推进国家治理体系和治理能力现代化、实现中华民族"两个一百年"奋斗目标具有重大意义。

一、唯物辩证法的生动体现

马克思主义哲学是中国共产党人从事任何实践与认识活动的思想源泉与理论武器，尤其是作为马克思主义核心的唯物辩证法，恩格斯曾说"蔑视辩证法是不能不受惩罚的"[①]。中国共产党人坚守这一信条，在一百年的探索与发展的历史中不断挖掘唯物辩证法的深刻内涵，并与中国具体实践相结合，发展出了丰富的中国特色理论，习近平总书记指出，"今天，我们党要团结带领人民实现'两个一百年'奋斗目标、实现中华民族伟大复兴的中国梦，必须不断接受马克思主义哲学智慧的滋养，更加自觉地坚持和运用辩证唯物主义世界观和方法论"[②]。底线思维充分体现着唯物

---

① 《马克思恩格斯文集》第九卷，人民出版社 2009 年版，第 452 页。
② 习近平：《辩证唯物主义是中国共产党人的世界观和方法论》，《求是》2019 年第 1 期。

辩证法的思想高度和科学智慧，我们要充分认识底线思维，首先要从唯物辩证法的高度去对底线思维进行把握，底线思维充分吸收了唯物辩证法关于世界是普遍联系的、矛盾分析法与量质互变的关系的论述，既为中国式现代化的实现提供了科学思维方法，又在马克思主义哲学的立场上丰富和发展了马克思主义基本原理。

（一）对世界普遍联系的深刻认识

底线思维是对世界普遍联系的认识。习近平总书记不断强调，当前和今后的一个时期我们在国际和国内面临的风险不断增加，因此我们要坚持和运用底线思维，决不能掉以轻心。唯物辩证法指出，世界上存在的任何事物之间、事物内部的构成部分都存在着这样或那样的联系，世界是相互联系下的统一整体。世界的一个特性就是世界的普遍联系性，世界中不存在孤立存在的事物。普遍联系性也是事物存在和发展的基本条件，同时事物之间的联系是多样的，不同事物之间、同一事物内部各个部分之间的联系是多种多样、各具特点、各不相同的。坚持底线思维就要求我们既要看到风险与经济社会发展之间的多样联系，还要对具体事物之间的多样联系进行把握。虽然我国当前处于稳定的发展局势中，但是无论我国的内部环境还是外部环境中都存在着大大小小、各方各面的风险。对此，习近平总书记突出强调："当前和今后一个时期是我国各类矛盾和风险易发期，各种可以预见和难以预见的风险因素明显增多。"①一方面，由于世界是普遍联系的且事物间联系是多样的，因此无论是我国当前所面临或可能存在的内部风险还是外部风险都与经济社会之间的联系错综复杂、相互交织，都有可能对我国的经济社会发展造成影响，甚至会对中华民族伟大复兴的道路造成迟滞或中断。另一方面，历史、现实与未来也是相联系的，尽管风险的形式可能存在不同，但是风险在历史发展的任何阶段都会存在。

除此之外，联系具有客观性，事物之间的联系是客观存在的，并不随我们意志的变化而变化，风险与社会稳定发展之间的联系既不能被创造也不能被消灭，但是这并不意味着我们在面对风险时无能为力。我们所具备的主观能动性能够让我们准确把握风险与经济社会之间的联系，尊重客观规律与充分发挥主观能动性是马克思主义哲学原理的重要组成部分，底线思维就要求我们认识到风险与社会发展之间的客观联系，

---

① 《下好先手棋　打好主动仗——习近平总书记关于防范化解重大风险重要论述综述》，《人民日报》2021年4月15日。

同时在认识的基础上充分发挥主观能动性，从古人对于风险的应对中获得经验教训，充分把握当下风险与经济社会发展之间的联系，并对未来可能出现的风险进行预测，做到防患于未然。这便是底线思维对于唯物辩证法的充分体现与运用。

（二）对矛盾分析法的充分运用

人类社会充满各种矛盾，毛泽东同志将矛盾的普遍性描述为"其一是说，矛盾存在于一切事物的发展过程中；其二是说，每一事物的发展过程中存在着自始至终的矛盾运动"[①]。因此可以说矛盾无处不在，无时不有。矛盾是推动社会历史发展的核心动力，但是由于矛盾的动力大小、作用方式存在不同，有的矛盾是推动社会发展的直接动力，有的是推动社会发展的一般动力；有的矛盾以建设性方式推动社会的发展，有的矛盾以破坏性方式推动社会的发展。要准确把握社会历史的发展脉络，实现社会的高效稳定发展就要把握矛盾，就要充分运用唯物辩证法中的矛盾分析法，底线思维就是对矛盾分析法的充分运用。

当前我们的社会主义社会的发展中仍然充满矛盾，

---

① 《毛泽东选集》第一卷，人民出版社1991年版，第305页。

这种矛盾既有内部矛盾也有外部矛盾。2012年11月30日，习近平在中共中央召开的党外人士座谈会上的讲话中就明确指出："我们要坚持'两点论'，一分为二看问题，既要看到国际国内形势中有利的一面，也看到不利的一面，从坏处着想，做最充分的准备，争取较好的结果。"① 2017年7月26日，习近平在省部级主要领导干部专题研讨班上的讲话中进一步指出："分析国际国内形势，既要看到成绩和机遇，更要看到短板和不足、困难和挑战，看到形势发展变化给我们带来的风险，从坏处着眼，做最充分的准备，朝好的方向努力，争取最好的结果。"② "好"与"坏"是内部矛盾与外部矛盾的两个方面，但是"好"与"坏"并不是绝对的对立关系，而是能够通过主观能动性的发挥从"最坏处"出发，最终实现"好的结果"，体现了矛盾既对立又统一，并且在这种互动共进、相辅相成的关系中共同推动社会的进步。一方面，从底线思维出发，就是自觉运用矛盾分析法，认识到矛盾的对立同一性，一分为二地看待事物，既要看到矛盾中同一的、积极的、有利的因素，同时也要看到斗争的、消极的、不利的因素；既要珍惜当前处于同一的、积

---

① 《习近平谈治国理政》，外文出版社2014年版，第111页。
② 《习近平谈治国理政》第二卷，外文出版社2017年版，第60页。

第三章　底线思维的思想基础

极的、有利的状态，同时还要做好充足的准备，防止矛盾向斗争的、消极的、不利的方向转化。

另一方面，底线思维要求我们充分把握矛盾地位和作用的特殊性。在社会系统中，社会矛盾和社会矛盾的两个方面，发展是不平衡的，其中在社会的发展进程中，占据关键的支配地位和发挥主要作用的矛盾，是社会的主要矛盾，在矛盾中占据支配地位，发挥主要作用的矛盾的方面是矛盾的主要方面。主要矛盾和矛盾主要方面的差别，需要我们充分对社会中存在的矛盾进行考察，从而找出主要矛盾和矛盾的主要方面。毛泽东同志指出："对于矛盾的各种不平衡情况的研究，对于主要的矛盾和非主要的矛盾、主要的矛盾方面和非主要的矛盾方面的研究，成为革命政党正确地决定其政治上和军事上的战略战术方针的重要方法之一，是一切共产党人都应当注意的。"[①] 随着当前国内经济社会的发展以及国际形势的变化，我们面临着诸多矛盾和问题，习近平总书记强调，坚持底线思维就是"重点要防控那些可能迟滞或中断中华民族伟大复兴进程的全局性风险"[②]。所谓全局性风险就是国内和

[①]《毛泽东选集》第一卷，人民出版社1991年版，第326—327页。
[②] 转引自闻言：《坚持底线思维、增强忧患意识，有效防范和化解前进道路上各种风险挑战——学习〈习近平关于防范风险挑战、应对突出事件论述摘编〉》，《人民日报》2020年10月1日。

国际的主要矛盾，而底线思维就是从矛盾分析法出发，"牵住牛鼻子"抓住主要矛盾或矛盾的主要方面，从而为防范全局性风险、解决矛盾提供方向和指导，进而把握社会发展的客观规律，满足中国式现代化的本质要求，最终能够以中国式现代化全面推进中华民族伟大复兴。

（三）对量质互变关系的准确把握

在唯物辩证法的视角下，事物都具备质与量两个基本属性，所谓量是指事物的具体状态或数量特征，而质则是本质，是事物之所以成为它自身而同其他事物区别开来的内在规定性。但是事物不是一成不变的，而是时刻处于发展变化状态，这种发展变化有赖于量变与质变的形式，量变是事物连续的、逐渐的、不显著的变化，是事物在数量上的变化；质变是事物根本的变化，是一种飞跃，往往表现为突变。量变与质变之间的辩证关系是指处在不断的变化之中的事物，在其每次由一种性质变化到另一种性质的过程中，总是由微小的变化（即量变）慢慢积累开始，当这种积累达到一定程度就会导致事物由一个性质变化到另一个性质（即质变）。量变是质变的前提和准备，没有量变的积累和准备质变就不会发生；质变之后，在新质基

第三章 底线思维的思想基础

础上又开始新的量变……如此循环往复，推动事物无限地发展下去。

　　社会发展也是在量变与质变中不断进行，所谓"底线"便是社会事物由一种状态向另一种状态转变的临界点、下限、红线，也就是"压死骆驼的最后一根稻草"。另外所谓"底"便是指超过该界限后，事物往往是向不好的状态转变。社会事物的"底线"有很多，如内部有经济增长的底线、社会稳定的底线、党政清廉的底线等；外部有国家安全的底线、国家主权的底线等。因此，底线思维是通过对唯物辩证法中量质互变关系的准确把握，一方面要求我们充分把握社会事物的状态，认识到其滑向不好状态的"底线"，为不好状态的事物出现做好充分心理准备和应对策略；另一方面则是要坚定地把握事物的"底线"，防微杜渐，将事物控制在"底线"之上的范围，在守住事物现有质态的基础之上积极追求更好的状态和结果。如果在中国式现代化道路上的种种"底线"被突破，那么就会造成相当严重的后果，意味着满盘皆输，坚持底线思维就要在充分把握量质互变这一辩证关系的基础上，为改革开放和中国式现代化道路上的经济建设、政治建设、文化建设、社会建设和生态文明建设等方面都预设"底线"，并做好应对策略的充分准备，在立足

"底线"的基础上，努力争取好的结果。

（四）对主观能动性的充分发挥

唯物辩证法以生产实践为基础考察，指出人具有主观能动性。人的主观能动性又称意识的能动性，是指人类所特有的能动地反映世界和改造世界的能力和作用，人不能将意识直接作用于客观事物，但是在实践中，意识却能够指挥着人使用工具去对客观世界进行改造，从而引起物质具体形态的变化，这种力量就是人的主观能动性。主观能动性对于人认识世界和改造世界之所以十分重要，是因为首先，事物的本质与规律隐藏于现象之中，人们只有充分发挥主观能动性，运用抽象思维能力，才能透过事物的现象揭示事物的本质与规律，从而正确地指导人们的行动；其次，事物不会自动满足人的需要，人们只有充分发挥主观能动性，通过实实在在的行动，利用规律和条件，才能改造世界，创造美好的生活；最后，人们在认识世界和改造世界的过程中，必然会遇到种种困难、挫折，甚至暂时的失败，这就需要坚强的意志和十足的干劲，需要充满活力的精神状态。

由此可见，"底线"的设置正是由于人的主观能动性的充分发挥，一方面，在认识世界和改造世界的过程中，必须遵循规律，按照客观规律办事。一旦违背客观规律，人们就会受到规律的惩罚。认识和改造社会，要尊重社会规律，不顾规律和违背规律，只能把事情办糟。主观能动性能够让人们在认识世界的过程中，揭示到"底线"中所蕴含的社会发展规律，意识到"底线"失守后的严重后果，从而即便是在顺境中也能够让头脑始终保持清醒，居安思危，确保中国式现代化的顺利实现。另一方面，主观能动性能够让我们看到当前存在的困难和不足，也让我们即便遇到挫折和失败后也能再次振奋精神，坚守底线，也就是习近平总书记所说的"做最充分的准备，朝好的方向努力"①。充分发挥主观能动性的作用，"领导干部要敢于担当、敢于斗争，保持斗争精神、增强斗争本领，年轻干部要到重大斗争中去真刀真枪干"②，这样才能克服前进道路上的障碍，推动社会发展。

二、传统文化智慧的当代运用

底线意识不仅仅来自马克思主义的唯物辩证法，

---

① 习近平：《在党史学习教育动员大会上的讲话》，人民出版社2021年版，第18页。
② 《习近平谈治国理政》第三卷，外文出版社2020年版，第223页。

更是来自中国传统智慧的结晶。习近平总书记强调："当代中国是历史中国的延续和发展，当代中国思想文化也是中国传统思想文化的传承和升华，要认识今天的中国、今天的中国人，就要深入了解中国的文化血脉，准确把握滋养中国人的文化土壤。"① 在中华民族五千年历史发展中，古人为我们创造了丰富的文化遗产，古人对于"底线"的设置和风险防范同样重视，当代的底线思维的产生，当然也离不开中华文化这一片丰沃的土壤，可以说底线思维是传统文化智慧的当代运用。

（一）传统道德底线

中国传统文化中最丰富的底线思维便是对道德底线的界定，时刻秉持和坚守道德底线，便是底线思维在个人层面上的体现。儒家强调"仁"是人的道德准则，孔子的学生子贡问孔子，有什么是可以奉行终身的准则，孔子回答道"己所不欲，勿施于人"。这便是儒家所倡导的仁的道德准则的表现之一，除此之外，仁还表现为"克己复礼""爱人""孝"等等。但其目标都是主张以"仁"为本，通过发展个人和谐人格、

---

① 习近平：《在纪念孔子诞辰2565周年国际学术研讨会暨国际儒学联合会第五届会员大会开幕会上的讲话》，《人民日报》2014年9月25日。

第三章 底线思维的思想基础

建立良好的人际关系，在此基础上追求社会整体的秩序，最终达到人与自然和谐相处，实现"天地万物一体"的精神境界。

随着儒家思想的发展，宋代理学家、思想家朱熹将"仁"的概念拓展至八德"孝悌忠信礼义廉耻"。孝，是孝顺、孝敬父母，这是为人子女的底线；悌，是悌敬，就是兄弟友爱，待朋友也要有兄弟姐妹之情，这是作为兄弟姐妹和朋友的底线；忠，就是要忠于党、祖国、人民，这是作为国民的责任和底线；信，是信用、诚信，做事要言而有信，讲究诚信，不可失信用，这是做事的底线；礼，是礼纪，我们应该遵守各种规定，遵纪守法，这是社会生活的底线；义，是说人们应该有正义感，要有见义勇为的精神，这是正义的底线；廉，是廉洁，做有廉洁的人，无论见到什么，不起贪求之心，没有想占便宜的心，而养成大公无私的精神，这是为人处世、为政为官的底线；耻，是知羞耻。绝对不做不合道理的事、违背良心的事情，自尊自重。人若无耻，等于禽兽一样，这是人的认知底线。这八德构成了一个人的全部道德底线，要求个人应当坚守道德底线，并且从坚守底线出发，用"孝悌忠信礼义廉耻"来约束和规范自己的行为，最终达到至德至善的道德境界。当前我国开展的反腐倡廉、扫黑除恶的专项斗争，就是要时刻提醒广大人民、广大领导干部绝不能突破底线，在政治方向、大是大非上，丝毫不能偏离，丝毫不能动摇。由此可见，中国传统文化中对道德底线的界定，为现代底线思维提供了丰富的文化基因。

（二）忧患意识

底线思维实际上是对中国传统忧患意识的进一步具体化和细化，使之更具有可操作性。忧患意识在中华传统思想文化中源远流长，是中国传统人文精神的重要组成部分，同时也是中国人民的智慧结晶。先秦时期是我国思想文化形成和发展的重要时期，也是忧患意识形成和发展的重要时期。忧患意识在先秦多部典籍中都有所体现。《左传·襄公十一年》中写道"居安思危，思则有备，有备无患"，明确指出当我们处于安全环境时，要考虑可能出现的危险环境，当我们考虑到危险环境可能出现时就会有所准备，这样事先做好准备，就不会害怕灾祸的到来，甚至避免灾祸；《荀子·仲尼》中写道"平则思险，安则思危"；《易经》中也写道"安而不忘危，存而不忘亡，治而不忘乱"，强调即便当下处在平安的处境中也要思考危险状况出现的可能性，不能完全不思考、不作为；《孟子·告子下》中所写"入则无法家拂士，出则无敌国外患者，国恒亡，然后知生于忧患而死于安乐也"，当一个国家长期处于平安稳定的环境中，而不思考可能存在的危险与隐患时，就会有亡国的危险，一个国家要想长久地立于不败之地，要时刻拥有忧患意识，要奋发图强，不能安于现状、不思进取。

春秋战国时代中各国的兴盛与灭亡和实现大一统后秦朝的覆灭让史学家不断以史为鉴，吸取历史上各朝各代兴盛灭亡经验教训，使得对忧患意识的认识不断深化。《贞观政要·政体》记载，唐代名臣魏徵指出："自古失国之主，皆为居安忘危，处理忘乱，所以不能长久。"北宋的王安石在《金陵怀古·霸祖孤身取二江》写道"豪华尽出成功后，逸乐安知与祸双"，这两句诗表明逸乐从来都是与灾祸相伴随的，贪图逸乐，肆意挥霍，只会招致祸端。

由此可见，忧患意识在中华民族的历史中一脉相承，习近平总书记深刻指出："我们共产党人的忧患意识，就是忧党、忧国、忧民意识，这是一种责任，更是一种担当。要深刻认识党面临的执政考验、改革开放考验、市场经济考验、外部环境考验的长期性和复杂性，深刻认识党面临的精神懈怠危险、能力不足危险、脱离群众危险、消极腐败危险的尖锐性和严峻性，深刻认识增强自我净化、自我完善、自我革新、自我提高能力的重要性和紧迫性，坚持底线思维，做到居安思危。"① 当前我国的国内形势基本处于稳定状态，并且不断取得举世瞩目的成就，2020年我国更是实现了全面建成小康社会的伟大目标，在外部国际环境中和平与发展依然是时代的主题，但是，在这种平稳运行的时刻，更是应当时刻具有忧患意识，坚持运用底线思维，不能安于现状，因此，底线思维中的忧患意识对于中国式现代化的实现、中华民族伟大复兴的实现密切相关。

（三）防微杜渐

防微杜渐是中国传统文化中用以应对可能出现的风险的手段之一。《后汉书·丁鸿传》中记载了丁鸿向皇帝进谏的故事，东汉和帝即位后，窦太后专权，她的哥哥窦宪官居大将军，任用窦家兄弟为文武大官，掌握着国家的军政大权。看到这种现象，许多大臣心里很着急，都为汉室江山捏了把汗。大臣丁鸿就是其中的一个。丁鸿很有学问，对经书极有研究。对窦太后的专权他十分气愤，决心为国除掉这一祸根。几年

---

① 中共中央文献研究室编：《习近平关于全面从严治党论述摘编》，中央文献出版社2016年版，第5—6页。

第三章 底线思维的思想基础

后,天上发生日食,丁鸿就借这个当时认为不祥的征兆,上书皇帝,指出窦家权势对于国家的危害,建议迅速改变这种现象。和帝本来早已有这种感觉和打算,于是迅速撤了窦宪的官,窦宪和他的兄弟们因此而自杀。丁鸿在给和帝的上书中说,"若敕政责躬,杜渐防萌,则凶妖消灭,害除福凑矣"。意思是,皇帝如果亲手整顿政治,应在事故开始萌芽时候就注意防止,这样才可以消除隐患,使得国家能够长治久安。《元史·张桢传》中也写道"有不尽者,亦宜防微杜渐而禁于未然"。《宋书·吴喜传》亦有"且欲防微杜渐,忧在未萌"之语。所谓防微杜渐,实际上对应于唯物辩证法中的量变与质变的关系,《韩非子》中写道:"千丈之堤,以蝼蚁之穴溃;百尺之室,以突隙之烟焚。故曰:白圭之行堤也塞其穴;丈人之慎火也涂其隙。是以白圭无水难,丈人无火患。此皆慎易以避难,敬细以远大者也。"千里长堤,会因为小小的蚁穴而崩塌,百尺大的屋子可能因为烟囱冒出的火星而被烧毁,一切事物的发展变化都是由细微的量变开始的,并在突破界限之后产生整体的质的改变。

因此防微杜渐就要求我们要坚持底线思维,提前认识到风险出现的可能,慎独慎微、保持高度警惕,对任何细微的变化都应当时刻充满敬畏之心,做好应对可能出现风险的准备。习近平总书记也多次强调，坚持底线思维，就要防微杜渐，避免"温水煮青蛙"。2014年1月14日，习近平在第十八届中央纪律检查委员会第三次全体会议上的讲话中指出："要抓早抓小，有病就马上治，发现问题就及时处理，不能养痈遗患。"① 由此可见，防微杜渐这种古人应对风险的思路，为中国式现代化道路上应当坚持的底线思维提供了明确的风险管理指导思想，通过细节的注重和事物发展规律的把握，防止风险的出现。

（四）未雨绸缪

未雨绸缪也是中国传统文化中用以应对可能出现风险的手段之一，但是它与防微杜渐不同。如果说防微杜渐是防止风险成为现实，或者说是防止风险的出现，那么未雨绸缪就是已经预见了风险的可能发生，而为应对风险做的准备工作。未雨绸缪体现出古人对于风险关系的预见能力与充足计划，这同样是底线思维所应当具备的风险应对能力。"未雨绸缪"一词出自《诗经·豳风·鸱鸮》，相传周公劝诫周成王，要想巩固王位，就写了一首名为《鸱鸮》的诗给成王，在诗

---

① 习近平：《使纪律真正成为带电的高压线》，2014年1月15日，http://china.cnr.cn/news/201401/t20140115_514653926.shtml。

第三章 底线思维的思想基础

中他写道:"迨天之未阴雨,彻彼桑土,绸缪牖户。今女下民,或敢侮予?"趁着天没下雨之前,赶紧把门窗固定起来,防止暴风雨的到来,以此提醒周成王提前做好相关准备,防止叛乱的发生。"防患于未然"所表达的也是这个意思,《易传·象传下·既济》中写道"君子以思患而豫防之",君子总是能够想着可能发生的祸害而能够预先作出防范。《群书治要·鹖冠子》中记载了春秋战国时期神医扁鹊三兄弟治病的故事。有一次,魏文王问扁鹊:"兄弟三人之中,谁的医术最好?"扁鹊说:"长兄最善,中兄次之,扁鹊最为下。"魏文王知道扁鹊已是神医,好奇为何扁鹊如此谦虚,于是问扁鹊为什么这样说,扁鹊说:"长兄于病视神,未有形而除之,故名不出于家。中兄治病,其在毫毛,故名不出于闾。若扁鹊者,镵血脉,投毒药,割肌肤,而名出闻于诸侯。"扁鹊说,长兄对于疾病,在其隐伏未发之时便已看到,并在未出现症状时便除去病源;二哥医治疾病,是在病情十分轻微时便予以治愈;而我却是在病人病情严重时,刺穿病人经络,使用含有毒性的草药,剖开病人肌体,才达到治病的效果。扁鹊长兄所具有的能力便是《黄帝内经》中提出的"治未病"观念,强调"上医治未病"。《千金要方》中写道:"消未起之患、治未病之疾,医之于无事之前。"意思是,在疾病未起时就消除它，在疾病未成重症时就治愈它，在疾病到来之前就加以预防。这些都是底线思维所需要的应对风险能力。

未雨绸缪体现了中国古人在面对风险时采取最经济有效的策略，对于任何事情，防患于未然、未雨绸缪都好过亡羊补牢，能够把风险可能带来或造成的损失降到最低，坚持底线思维就是要有预见风险的能力，提前布局，把面对可能发生的风险想得严重一点，准备做得充足一点。当前我国的疫情防控政策稳定，从《新型冠状病毒防控指南》（第一版）到当前的《防控指南》（第九版），每一次的新版"指南"都很好地预见到未来一个时期内我国新冠病毒防治的注意事项和可能隐患，这些都充分体现出我国在应对重大疫情和突发公共卫生风险的能力，这离不开我国公共卫生体系、医疗服务体系的提前预备与未雨绸缪，充分展现出中国共产党人运用根植于中国传统文化中"治病于初萌，防患于未然"的底线思维。

三、世界优秀成果的充分吸收

坚持世界眼光是中国共产党人的精神特质，吸收借鉴优秀人类文化成果是文化发展的一般规律和要求，也是中华民族几千年文明的经验总结。习近平总书记多次强调，要"不忘本来、吸收外来、面向未来"①，除了我国优秀传统文化中所蕴含的中国传统哲学智慧，底线思维同样是对世界优秀文化成果的吸收和体现，达摩克利斯之剑的寓言故事、美德伦理学中对于道德底线的探讨和西方哲学中对于人的理性的限度的讨论都是底线思维具体内涵中所包含的丰富内容。

（一）达摩克利斯之剑

"达摩克利斯之剑"的典故出自古希腊的历史故事：公元前4世纪西西里东部的叙拉古王狄奥尼修斯（公元前430—公元前367）打击了贵族势力，建立了雅典式的民主政权，但遭到贵族的不满和反对，这使他感到虽然权力很大，但地位不可靠。有一次他向宠臣达摩克利斯谈了这个问题，但是达摩克利斯并不理解，于是他假借满足一下宠臣达摩克利斯的贪欲，把宫殿交托给他，并赋予他有完全的权力来实现自己的任何欲望。但是当这个追求虚荣、热衷于势利的达摩克利斯在大庆宴会时，抬头看到在自己的座位上方天花板下，沉甸甸地倒悬着一把锋利的长剑，剑柄只有

---

① 习近平：《在哲学社会科学工作座谈会上的讲话》，《人民日报》2016年5月19日。

一根马鬃系着，眼看就要掉在头上，吓得他离席而逃。这时狄奥尼修斯王便走出来说道："（达摩克利斯头上）这把利剑就是每分钟都在威胁王上的危险象征，至于王上的幸福和安乐，只不过是外表的现象而已。"达摩克利斯之剑这个故事告诉我们，要时刻保持警惕，即便拥有极高的地位或者极为强大的能力，也应当防止"达摩克利斯之剑"的坠落。

当前我国实践充分表明，我国的政治经济局面处于稳中向好、长期向好，并且我国发展潜力足、韧性大、活力强、回旋空间大、政策工具多，我国发展具有的多方面优势和条件没有变。但是越是在平稳运行的时刻越要更加警惕头顶上的"达摩克利斯之剑"，底线思维正是让广大党员干部要有忧患意识、危机意识，一方面正确认识"达摩克利斯之剑"，另一方面也要时刻防范它的坠落，并且以此为动力，激发为实现中华民族伟大复兴这一目标的无尽动力。

（二）美德伦理学

和我国传统文化不断为人类社会生活中的实践行动探求道德底线一样，西方伦理学也意在指出道德的原则和底线。伦理学的西方历史十分悠久，其源头可以在最古老的史诗与神话中考究。它是对人类道德生

第三章 底线思维的思想基础

活进行系统思考和研究的学科。伦理学家试图从理论层面建构一种指导行为的法则体系，即"我们应该怎样处理此类处境"，"我们为什么和依据什么这样处理"。美德伦理学是伦理学中的一个重要分支，其目的在于讨论什么样的实践是符合美德的，美德伦理学强调道德主体也就是人在进行实践时能够灵活但又准确地揭示和理解"怎样达到适度之处从而呈现好的品质"。所谓适度，就是符合底线、坚持底线，这种底线并不是外在于人的，而是来源于人。苏格拉底认为，所谓做人做事的原则和底线便是美德，美德是心灵的内在原则，因此，要"认识你自己"，只有认识自己，才能在实践中坚持美德这一底线。柏拉图认为，教育就是将这种内心中的原则和底线揭示出来，"学习即回忆"，同时美德也应当成为整个国家与社会共同遵守的准则和底线，而能够坚守美德原则的人也就是至善的人，这类人才具有成为国王的能力，国家应当由哲学王治理，哲学王是公认最有智慧、美德的人的存在，他们统治国家，才是真正意义上的正义的国家。亚里士多德认为，美德是人的一种品质状态，美德与否取决于实践行为是否遵循原则与底线，是否突破了"度"的规定。只有恰到好处的行动与情感才是符合美德，而不及底线与超出底线都不符合美德的要求，这与底线思维为我们提供的处世原则,并且在现实生活中尊重世界、尊重他人、尊重自己的要求相契合。

(三)理性的限度

西方哲学中的理性概念源于古希腊语的逻各斯(λόγος)。古希腊的哲学家对于理性是什么都作出了不同的论断。古希腊的赫拉克利特认为,逻各斯就是理性,是天地万物都具有的规律与规则,这种规则主宰人类的认识思维和实践活动。斯多葛学派的代表人物芝诺认为,理性是神的属性和人的本性。古希腊的阿那克萨哥拉指出,理性是人用来揭示万物本质的可靠工具。苏格拉底从美德伦理学的角度出发指出,理性使个人潜在的德性实现出来,成为现实的德性或善。亚里士多德说,人是理性动物,理性就是人脑获取知识的能力或功能。由此,诞生出一种建立在承认人的理性可以作为知识来源的理论基础上的理性主义,认为人的理性高于并且独立于感觉。随着理性主义在近代科学上的成功,如哥白尼提出日心说、牛顿提出万有引力定律、第一次工业革命的完成,人类在理性主义下,认识自然、改造自然的能力不断增强,逐渐发展出一种理性至上、理性万能的极端的理性主义论调。极端理性主义的核心是对人的理性能力的过度崇拜,相信人的理性禀赋，理性使人类的全知全能成为可能。这种极端的理性主义逐渐发展为了一种生态上的人类中心主义，因为只有人类具有理性，所以人类是地球上以至宇宙中的核心或者最重要的物种，对于一切价值的评价都应当来自人类视角。但是20世纪以来，人类对生态环境无休止地野蛮侵犯，导致了物种的灭绝、生态环境的失衡和恶化，最终造成自然对人类的报复。因此一些西方哲学家进行反思，认为人的理性是有限度的，一方面理性并不能够使人全知全能，我们仍然面对着许多未知的事情，因此理性的限度应当是让我们永远保持谦卑和敬畏，拥有忧患意识。另一方面，理性应当受到约束，而不是任由其肆意地扩张，将其约束在底线内，防止理性的过度膨胀，走向极端，因为我们无法预料到当理性超出底线会带来怎样的风险。由此可见，西方哲学中关于理性限度的讨论与底线思维要我们明确地意识到底线的限度、认识到跨越这个限度和保证必然会产生的危害的要求相契合。

四、社会风险特征的精准把握

20世纪80年代末开始，西方国家出现的风险挑战越来越多：1985年英国首次发现的疯牛病，逐渐在世界范围内蔓延开来，对养牛业、饮食业以及人的生命安全造成巨大威胁；1986年切尔诺贝利核电厂爆炸，造成了严重的核污染；1985年9月19日墨西哥城地震是历史上震级最强、损失最为严重的地震；等等。这些突发的社会风险和危机对人类生活的方方面面产生重大影响，甚至一度引起全球范围内的恐慌，风险问题成为全球关注的公共问题，在此背景下，西方学者从不同的学科视角对风险问题进行研究，形成了系统化、体系化的社会风险理论。现代社会是日益复杂化的"风险社会"，以劳（Lau）的"新风险"理论为代表，认为风险社会的出现是由于出现了新的、影响更大的风险，这种理解被称为风险社会理论的"现实主义"；第二种则是认为风险社会的出现体现了人类对风险认识的加深，如凡·普里特威茨（Von Prittwitz）的"灾难悖论"理论这种被称为风险社会理论的"文化意义主义"；最后一种则是以贝克、吉登斯等人为代表的，认为风险社会是指现代性一个阶段，风险是一个时代的特征和社会的特征，他们被称为风险社会理论的"制度主义"。但是无论如何，风险社会理论传达出随着现代性的发展，风险的概念已经突破简单的自然风险而成为更加复杂的社会风险，社会风险也越来越成为我们不得不积极应对的历史事实与社会现象。社会学家贝克总结出社会风险具备的全球性、严重性、难预测性和多样性的特征，而底线思维则是对于社会风险特征的精准认知与把握，从而更好地防范和应对社会风险。

（一）多样性

底线思维是对社会风险多样性特征的精准把握。社会风险是一个集合概念，具体来说包括政治风险、经济风险、文化风险和生态风险。经济风险是指因经济前景的不确定性，各经济实体在从事正常的经济活动时，蒙受经济损失的可能性，它是市场经济发展过程中的必然现象；政治风险是指由于政治原因，如政局的变化、政权的更替、政府法令和决定的颁布实施，以及种族和宗教冲突、叛乱、战争等引起社会动荡而造成损害的风险；文化风险是指文化这一不确定性因素给社会活动带来的影响；生态风险是指生态系统受到生态系统外一切对生态系统构成威胁的要素的威胁的可能性。同时，每一种风险又有不同的具体表现形式，由此可见，社会风险具有多样性特征。

底线思维抓住了社会风险多样性这一特征，正如习近平总书记在党的十八届五中全会第二次全体会议上的讲话中强调的那样："对各种可能的风险及其原因都要心中有数、对症下药、综合施策，出手及时有力，力争把风险化解在源头，不让小风险演化为大风险，不让个别风险演化为综合风险，不让局部风险演化为区域性或系统性风险，不让经济风险演化为社会政治风险，不让国际风险演化为国内风险。"①党的十八大以来，习近平总书记统筹中华民族伟大复兴战略全局和世界百年未有之大变局，坚持底线思维，围绕着政治、意识形态、经济、科技、社会、外部环境、党的建设等领域的重大风险作出深刻分析、提出明确要求，通过对多种类型风险的精准把握，从而制定精准可行的社会风险治理策略。

（二）全球性

底线思维是对社会风险全球性特征的精准把握。随着现代科技的发展，尤其是互联网技术、交通技术、全球通信技术的发展，世界各地之间的交流越来越频繁，这些技术的运用似乎能够缩短地球上的时空距离，国际的交流往来也越来越便利，因而也被叫作"地球村"。由于"地球村"的出现，经济全球化、各个国家间的政治联系也越来越紧密。但是，这种全球化进程

---

① 习近平：《在党的十八届五中全会第二次全体会议上的讲话》（节选），《求是》2016年第1期。

第三章 底线思维的思想基础

带来的是社会风险一旦产生,将在短时间内在全球的大范围内造成影响。尤其是经济风险,在经济全球化的进程中,各国间的经济呈现出较强的相互依赖性。经统计,部分国家对他国的经济依赖度已经超过30%,甚至对个别国家来说能够达到60%,因此一旦有国家出现经济危机,将会导致国际性的经济波动和造成危机在国际传播,这种现象在今天已经十分常见,并且无法避免。任何一个国家出现经济风险首先就会引发与其具有密切经济来往和贸易投资关系的国家的经济波动,由此甚至引发蝴蝶效应,最终可能导致所有国家陷入不同程度上的经济危机和面临不同程度的社会风险。1997年,亚洲金融风暴席卷泰国。不久,这场风暴波及马来西亚、新加坡、日本、韩国、中国等地。泰国、印尼、韩国等国的货币大幅贬值,同时造成亚洲大部分主要股市大幅下跌;冲击亚洲各国外贸企业,造成亚洲许多大型企业倒闭,工人失业,社会经济萧条,打破了亚洲经济急速发展的景象。亚洲一些经济大国的经济开始萧条,一些国家的政局也开始混乱。由此可见,全球化加速了风险传播速度,扩展了风险广度,风险社会所面临的风险是全球性的,风险所造成的负面影响不再仅仅局限于一个特定区域,而是可能造成严重的全球性,不可能有国家能够独善其身。

　　自改革开放以来，我国与世界的联系日益紧密，全方位地进行国际合作，从政治、军事领域扩展到经济、文化、社会、生态等领域。如今，中国已经深深地融入了世界，从经济上看，中国的贸易伙伴达220个国家和地区。从政治上看，中国作为安理会常任理事国，作为一个发展中大国，参与国际事务的程度在不断加强。另外，中国在世界文化遗产保护、知识产权保护、反贫困等方面广泛参与国际合作。在应对气候变化问题上，中国签署了《巴黎气候公约》，根据自身国情和国际责任，率先确定了"2030节能低碳减排事业计划"，在国际上产生巨大示范效应。正是在这种"世界离不开中国，中国离不开世界"的局面下，中国共产党人在实现中国式现代化的道路上坚持底线思维，充分考虑社会风险的全球性特征。2019年1月21日，习近平总书记在省部级主要领导干部坚持底线思维着力防范化解重大风险专题研讨班开班式上强调："我们要统筹国内国际两个大局、发展安全两件大事，既聚焦重点、又统揽全局，有效防范各类风险连锁联动。"[①]正是底线思维对当前社会风险的全球性特征的精准把

---

　　① 《下好先手棋　打好主动仗——习近平总书记关于防范化解重大风险重要论述综述》，《人民日报》2021年4月15日。

握,我国才能在国际社会中立于不败之地,实现长久稳定的发展。

(三)严重性

底线思维是对社会风险严重性特征的精准把握。社会风险一旦产生,必然会造成负面影响,当今社会政治、经济、文化、生态等领域紧密联系在一起,牵一发而动全身,任何风险的产生都可能会对社会运行产生严重的阻碍和破坏作用并且造成无法计算的损失,进而使社会出现动荡和危机。以石油危机为例,1973年到1990年,以中东地区为核心接连发生了三次石油危机,尤其是第三次石油危机中,为扩大和掌握中东更多的石油资源,以便达到其称雄中东的目的,伊拉克于1990年发动战争侵占了科威特。并且,由于萨达姆拒绝联合国撤军的要求,以美国为首的由34个国家组成的多国部队于1991年1月17日开始对科威特和伊拉克境内的伊拉克军队发动军事进攻,即被人们称为第一次"海湾战争"。作战期间,科威特以至伊拉克境内的大量油井被点燃,对石油资源造成了极为严重的破坏,使得全球油价暴涨,让西方经济大国,特别是美国,再次陷入了经济衰退,人民生活水平明显下降,同时美国的军事行动也让中东地区的分裂更加严重，美国与苏联在这一场博弈中也加剧了苏联的解体等等。可以说，三次石油危机深刻影响了世界格局的走向，对全球经济造成了严重冲击，在全球范围内造成的损失都是无法计算的。社会风险的严重性可见一斑。

当前，我国正处于承前启后、继往开来的历史交汇点，是在新的历史条件下继续夺取中国特色社会主义伟大胜利的时代，因此底线思维要求我们充分认识到社会风险的严重性特征，充分考虑社会风险可能会造成的严重后果。2020年10月26日，习近平总书记就《中共中央关于制定国民经济和社会发展第十四个五年规划和二〇三五年远景目标的建议》起草的有关情况向党的十九届五中全会作说明时指出："当前和今后一个时期是我国各类矛盾和风险易发期，各种可以预见和难以预见的风险因素明显增多。我们必须坚持统筹发展和安全，增强机遇意识和风险意识，树立底线思维，把困难估计得更充分一些，把风险思考得更深入一些，注重堵漏洞、强弱项，下好先手棋、打好主动仗，有效防范化解各类风险挑战，确保社会主义现代化事业顺利推进。"[1] 社会风险的严重性特征也启

---

[1] 《下好先手棋　打好主动仗——习近平总书记关于防范化解重大风险重要论述综述》，《人民日报》2021年4月15日。

发我们在坚持和运用底线思维中思考风险治理限度，不盲目治理，而是从风险治理机制作用的发生机理、作用范围和无效边界等问题出发，尽可能地将风险可能造成的损失降到最低。

（四）难预测性

底线思维是对社会风险难预测性特征的精准把握。社会风险的难预测性一方面是指社会风险的突发性和偶然性，由于社会系统的复杂和人的认知能力有限，很难对所有可能发生的风险进行预测，再加上人们存在盲目乐观和侥幸心理，使得风险以突发的形态对社会正常运行造成阻碍和破坏；另一方面，也是指社会风险的必然性。社会风险往往以潜在的状态进行长期的酝酿和发展，在众多因素，如历史和现实因素，人为因素和政策、法律因素的相互交织下，形成了社会风险的复杂系统，最终由潜在状态爆发出来。第一次经济危机的爆发，就体现出社会风险的难预测性的偶然性与必然性：第一次世界大战结束后，美国进入长达10年的经济增长的黄金时期。美国股票市场一片繁荣，股票价格飙升，许多人一夜暴富。这些人的成功吸引了越来越多的人将资金投入到股票市场。长此以往，美国股票价格从1922年以后，出现了长达7年的持续增长期。直到1929年10月24日，美国迎来了它的"黑色星期四"，规模空前的抛售风潮席卷华尔街，在一天之内大约有1289万股股票被抛售，引发了股票价格大幅度下降，一夜之间，5000多亿美元立即化为乌有，损失约为美国1928年国内生产总值的5倍。事实上，也有经济学家提前看到了股市崩盘带来的经济危机，但是美国的政客盲目自信向民众保证经济的稳定，最终在10月24日这一天爆发，人们才幡然醒悟。

当今时代，国内国际环境更加复杂，社会风险更加难以准确预测。新时代下，我国社会主要矛盾已经转化为人民日益增长的美好生活需要和不平衡不充分的发展之间的矛盾，这意味着我们将面临一系列的新问题、新挑战，它们会以不曾见过的全新形式，或者隐藏在更深的背景之下，使得社会风险更加难以预测，使得社会安全和稳定面临更大威胁。因此，在对社会风险的难预测性把握的基础上，底线思维要求我们做好社会风险评估、提升对重大风险的应急处置能力。另外需要注意的是，社会风险的难预测性也会严重削弱人们的安全感、降低人们的幸福值，这不仅是中国人民遭遇的挑战，更是世界各国广大期盼发展、爱好和平的人民的不幸。2021年5月21日在全球健康峰会

第三章 底线思维的思想基础

上习近平主席指出,"要提高监测预警和应急反应能力、重大疫情救治能力、应急物资储备和保障能力、打击虚假信息能力、向发展中国家提供支持能力"。这是底线思维在更广视野之下、更大格局之中的创新应用,中国不仅要关注自身发展,还要与世界上别的友好国家,特别是同处于弱势的欠发达国家携手同行。启示我们发展的底线不能牺牲自己国民各种利益,也不能对他国百姓的水深火热熟视无睹,中国不同某些西方霸权一样自私自利、一家独大,而是在不结盟、不称霸的基础上,付出努力为构建世界命运共同体的美好未来尽一份力,这正是"己所不欲,勿施于人""己欲立而立人,己欲达而达人"的仁者风范。

习近平总书记曾强调:"越是接近民族复兴越不会一帆风顺,越充满风险挑战乃至惊涛骇浪。"① 这警醒我们,底线思维的重要性不仅在于事物缘起的初期阶段,还对事物发展进程中的成熟阶段影响巨大,更对事物即将终局之时的完成阶段功用显著。尽管中国现下已经取得了举世瞩目的成就,经济发展稳居世界前列、社会制度优势不断彰显、政治生态构建成果显著、法律法规趋于系统完善、民生水平持续快速提升、文

---

① 习近平:《在"不忘初心、牢记使命"主题教育总结大会上的讲话》,人民出版社 2020 年版,第 17 页。

化建设百花齐放、科学技术勇攀高峰等等，但是我们不能存有侥幸心理，不能放松懈怠，要有"不破楼兰终不还"的决心，要有"毕其功于一役"的壮志，要有"踏平坎坷成大道，斗罢艰险又出发"的韧性，直到中国式现代化伟业的完成，直到中华民族伟大复兴的实现，直到共产主义社会的降临。底线思维只是伟大的中国共产党领导中国的执政智慧的一部分，它将融入整个中国特色社会主义理论系统，也将扩展到全部治国理政的方方面面。学习底线思维思想，增强底线思维能力，强化底线思维践行，将会是一个长久的、广泛的、创新的、恪守的过程。

综上所述，我们可以看到，底线思维中既有马克思主义哲学的唯物辩证法内涵，也有中国传统文化的精神气质，还有西方优秀文化的思想底蕴，更有对当代先进理论的准确把握和精华借鉴，使得无论是传统的还是当代的、本土的还是外来的居安思危的理念、忧患意识的智慧，在中国特色社会主义新时代中获得了新的生命和力量。可以说，通过对底线思维中丰富文化内涵的阐释，以及深刻思想基础的分析，我们能够更好地理解底线思维中的先进思想与时代价值，也能更得心应手地在实践中坚持和运用底线思维，充分发挥底线思维在中国式现代化和实现中华民族伟大复兴中的积极作用，准确判断前进道路上的各种风险挑战，并及时采取应对之策，早日实现中国梦，实现人的幸福生活和全面发展，最终为人类文明和人类命运共同体的健康发展作出更大的贡献！

第四章　中国共产党人居安思危的历史经验

我们要坚持底线思维、增强忧患意识，有效防范和化解前进道路上的各种风险。彩虹和风雨共生，机遇和挑战并存，这是亘古不变的辩证法则。我们党建党近百年、新中国成立70多年、改革开放40多年的历史，从来都不是一帆风顺的。志不求易者成，事不避难者进。我们要辩证认识和把握国内外大势，加强战略性、系统性、前瞻性研究谋划，做好较长时间应对外部环境变化的思想准备和工作准备，善于在危机中育新机、于变局中开新局。要发扬斗争精神，敢于斗争、善于斗争，根据形势变化及时调整斗争策略，团结一切可以团结的力量，调动一切积极因素，不断夺取具有许多新的历史特点的伟大斗争新胜利。

——习近平总书记在全国抗击新冠肺炎疫情表彰大会上的讲话

第四章　中国共产党人居安思危的历史经验

中国共产党百年奋斗历史不仅摆脱了旧中国积贫积弱的长久阴影，还实现了中华民族自立自强、踏上伟大复兴的新征程。一代又一代中国共产党人勇于牺牲、倾洒热血，团结力量、迸发智慧，创造了一个又一个人类文明史上的发展奇迹，促就了亿万人民群众当下的物质极大丰富、精神文化自信的幸福生活。中国共产党在新民主主义革命时期从建党之始、开天辟地到新中国成立、屹立东方，在社会主义革命和建设时期从建立了社会主义的基本制度到完善国民经济体系，在改革开放和社会主义现代化建设时期解放思想、实事求是到全面进步、塑就世界新格局，至今扬帆再起航，寓于新时代稳步迈向中国特色社会主义现代化强国的新目标，百年风雨、艰苦卓绝，中国共产党人无时无刻不居安思危、防患未然，形成了极具中国智慧且契合中国实践的底线思维理论，使得我党始终能够走在时代前列，始终能够保持朝气蓬勃，始终能够应对解决各种重大风险挑战。

一、新民主主义革命时期底线思维的实践经验

新民主主义革命是无产阶级领导的革命，是以人民大众为主体的反对帝国主义、封建主义、官僚资本

主义的革命,其目标是在中国共产党的领导下彻底完成革命任务,实现由新民主主义向社会主义的过渡。中国的新民主主义革命以1919年爆发的五四运动为开端,到1949年中华人民共和国的成立为结束,中国共产党在敌我力量对比极其悬殊的情况下,始终保持清醒的危机意识和大无畏的革命精神,以弱胜强、反败为胜,最终夺取革命和战争胜利,建立了新中国。纵览中国共产党30年来的浴血奋斗,切身践行着立足最低点、争取最大值的底线思维,不论是北伐战争,还是反抗国民党反动统治,抑或抗日战争,以至解放战争,总是能够在艰难困苦中发展壮大、在风险挑战中转危为安、在复杂局面中开辟道路,使得星星之火终以燎原之势,焚尽华夏大地污垢腐朽,迎来中国腾飞广阔天空。

(一)国民革命时期(1924—1927)

中华民国的成立并没有实现真正的民族独立,人们关于人民民主和社会进步的期望被沉重的现实彻底破灭。新的出路在哪里?这个问题成为笼罩在所有知识分子和有志之士头顶之上的阴霾,使他们夜不能寐。1915年新文化运动的兴起将广大人民群众从封建束缚中唤醒,成为引发社会变动的先导;1917年俄国十月

第四章　中国共产党人居安思危的历史经验

革命的炮声为中国送来马克思列宁主义的春风，鼓舞着无产阶级站在历史的风口；1919年五四运动的到来，由巴黎和会上的外交失败彻底引爆广大中国人民心中久积的怒火，中国工人开始以独立的姿态登上政治舞台。随着马克思主义在中国的传播，以及先进知识分子与工人群众结合的尝试，终于迎来了1921年中国共产党第一次全国代表大会的召开。

　　1922年党的二大基于对中国经济政治状况的分析，揭示了当时社会所处的半殖民地半封建性质，并确立了党的纲领。党的最高纲领是实现社会主义、共产主义，而根据当下现实的最低纲领则是打倒军阀，推翻国际帝国主义的压迫，统一中国为真正的民主共和国。"建立一个统一的民主共和国"这一最低纲领标志着底线思维在其后党的百年征程中的第一次运用。不难发现，最高纲领是中国共产党对美好未来的热切期望，是通过漫长奋斗所能争取到的终极结果，它承载着无数仁人志士与全体工农群众的理想信念，而最低纲领则是党的底线，是这一阶段必须完成的使命，若不能实现新中国的建立，则一切光明畅想就会付诸东流。党的二大为中国的革命事业指明了方向，共产党人怀揣理想，立足当下，投身于组织领导工人运动，从1922年1月的香港海员罢工到1923年2月的京汉铁路罢工，为期13个月、总计100余次的工人运动高潮中，充分显示出中国工人阶级坚定的革命性和强大的战斗力。

　　1923年党的三大促就结成中国广泛的统一战线，并实现国共第一次合作。1925年党的四大强调了无产阶级在民主革命中的领导权以及工农联盟的问题，并加快了党的组织建设，为之后的北伐战争积蓄了力量。1926年7月国民革命军誓师北伐，势如破竹，取得了巨大的胜利，结出了国共合作的硕果，这离不开共产党所提出的反对帝国主义、反对军阀的基本口号，离不开共产党对中国实际情况的深刻把握。国民革命轰轰烈烈，但由于蒋介石、汪精卫等国民党右派的背叛，与帝国主义列强勾结，大肆抓捕迫害共产党人，致使国共合作破裂、国民大革命宣告失败。1927年党的五大召开，提出争取无产阶级对革命的领导权，建立革命民主政权和实行土地革命等正确原则，但由于没有制定具体如何展开工作的措施，以及稍早时候主要领导人犯了妥协退让的错误，这时的共产党人还难以承担起挽救革命的任务。

　　国民大革命的失败及其经验教训告诫我们，必须坚持底线思维，居安思危，以忧患为始、以功成为终，时刻保持头脑清醒、行动切实，不侥幸、不迷茫、不退缩、不贪进,要能够预料到事情发展的最坏处,并提前着手准备。如果我们从一开始就掌握革命领导权,如果我们尽早发现反动势力火焰,如果我们及时在关键时刻拿出应对方案,是否可以减少一些牺牲,避免一些悲剧呢?这些问题已然不再重要,事物客观的发展自有其规律,中国革命的进程必然布满了鲜血,伟大的中国共产党其先进性就在于能够正视历史并从中汲取经验,而又砥砺前行,始终面向未来。

(二)土地革命时期(1927—1937)

国民大革命失败之后,中国的革命形势命悬一线,土地革命是中国内部的第二次革命,是中国共产党领导工农红军和广大人民反对国民政府反动统治,废除封建土地制度,建立工农民主政权而进行的革命战争。1927年8月1日,中国共产党在南昌打响武装反抗国民党反动派的第一枪,标志着我党独立领导革命战争、创立和建设人民军队和武装夺取政权的开端,开启了中国革命的新纪元。八七会议中毛泽东同志突出强调:"政权是由枪杆子中取得的。"1928年党的六大,明确指出中国依旧是一个半殖民地半封建的国家,确定党的总路线是争取群众。这是我党基于数次城市起义的失败,以及自身处于幼年的政治不成熟阶段的认识,是基于正视客观现实、清楚实践底线的认识。

　　以毛泽东同志、朱德同志为领导核心的红军在湘赣边界创建井冈山革命根据地，稳步发展力量，连续打退国民党军队进攻，其游击战争的十六字基本原则"敌退我进，敌驻我扰，敌疲我打，敌退我追"，反映了我党不畏强敌、不畏艰难的精神，是在我党兵力不足四个团对比国民党八九个、十几个团的明显劣势、弱势的局面中，转危为安、化险为夷，坚定阵地、斗争到底，是底线思维的集中表现，证明了我党善于在挑战中看到机遇，在困局中化解危险，在转化中培育力量，努力促进局面朝着有利于我们的方向发展。井冈山根据地斗争时期，不仅颁布了《土地法》，通过分田使广大农民认识到共产党能够成为自己的利益代表，还探索出农村包围城市、武装夺取政权的正确道路。

　　1929年古田会议确立了毛泽东同志的领导地位，主要强调了思想建党、政治建军，必须坚持马克思主义基准原则，坚持党对以工农联盟为主要成分的无产阶级性质的新型人民军队的绝对领导，这是"星星之火，可以燎原"的重要因素，是我党在极端困境中防御战斗的坚实底线。党的六大之后的两年里，红军反"围剿"的胜利和土地革命的广泛开展，促就了中华苏维埃共和国政权建立，苏维埃政府重视廉政建设和司

第四章　中国共产党人居安思危的历史经验

法建设，1933年末发布惩治贪污浪费行为的训令，1934年建立审计监督制度等，这些行为表明中国共产党十分清楚腐败问题之危害，是底线思维的典型应用，既能够预先把握事物潜在的危害，又能够将其扼杀在萌芽阶段，这是共产党人恒久坚持的反腐倡廉、艰苦奋斗的优良传统，决不能在革命中滋生贪腐的细菌，决不能在形势稍好时就放松警惕，务必一以贯之、做最坏的打算。

1931年"九一八事变"日本侵华，这一空前的民族灾难使得中日矛盾逐渐上升为主要矛盾，中国共产党率先高举武装抗日的旗帜，于9月发表《中国共产党为日本帝国主义强暴占领东三省事件宣言》，明确提出"反对日本帝国主义强占东三省"。相较国民党政府的"攘外必先安内"方针，共产党无疑更为深刻地认识到，最坏的情况即日本帝国主义对中国的殖民统治是关乎民族存亡的，所以武装抗日是最紧要、最迫切、最不容妥协的，必须争取一切力量组成抗日民族统一战线，救国于危难之中。

从国民大革命到全民族抗日战争这十年中，中国共产党在极端困难条件下顽强斗争并达到政治成熟，将马克思主义普遍真理与中国革命具体实际相结合，坚持实事求是、群众路线和独立自主原则，取得了宝贵的经验。但是，第五次反"围剿"的失利，也曾使得党的力量遭受极大削弱，甚至濒临覆灭，被迫踏上北上长征之路，无数可爱可敬的红军战士倒在了雪山草地与沼泽中。这要求我们必须坚持底线思维，把战略基点放在最坏的基础上设想，以此做好充分准备，把握战争主动权，可以说底线思维是共产党人用鲜血与生命换来的智慧，是党和民族在生死危亡中的救命稻草。

（三）抗日战争时期（1931—1945）

自1931年"九一八事变"日本帝国主义挑起侵华战争，到1937年"七七事变"，抗日战争全面爆发，至1945年日本无条件投降，中国共产党在国家危亡之际带领各族人民一致对外，前赴后继，殊死斗争，发挥了难以磨灭、不可替代的作用。"七七事变"第二天中共中央向全国发出通电："平津危急！华北危急！中华民族危急！只有全民族实行抗战，才是我们的出路！"[①] 这是中国共产党对抗日战争的正确估计，想要避免中国灭亡和被殖民统治的后果，必须清晰这场战争中可能出现的最坏结果，很明显这是我们不能接受的，这要求全民族力量必须团结统一，国共必须摒弃

---

① 中共中央文献研究室、中央档案馆编：《建党以来重要文献选编（一九二一——一九四九）》第十四册，中央文献出版社2011年版，第356页。

第四章　中国共产党人居安思危的历史经验

前嫌再次合作。在此,底线思维不仅使得我党对全局形势有了较好的把握,还间接发挥了鼓舞人心、背水一战的作用,不能对残酷现实存在任何幻想,只能在绝境中积极应对、主动出击,为了能够破解困局需要鞠躬尽瘁。

如果中共中央的全国通电是对最坏结果的预测,那么抗日民族统一战线就是立足最低处境争取最好结果的切实践行。面对国民党的片面抗战、消极抗战、防御抗战,以及对我党始终心存芥蒂,中国共产党以极大的包容与极强的韧性,坚定不移团结所有能团结的力量。1937年洛川会议通过毛泽东同志起草的《为动员一切力量争取抗战胜利而斗争》,标志着党的全面抗战路线正式形成。1938年的《论持久战》展现出毛泽东同志极高的军事智慧,为如何抗战指明了道路:"中国会亡吗?答复:不会亡,最后的胜利是中国的。中国能够速胜吗?答复:不能速胜,抗日战争是持久战。"[①]《论持久战》科学地预见到抗日战争将经过战略防御、战略相持、战略反攻三个阶段,并认识到"兵民是胜利之本",这些组成了抗日战争化险为夷、转危为安的关键要素,使得中国共产党能够在内忧外

[①] 中共中央文献研究室、中央档案馆编:《建党以来重要文献选编(一九二一——九四九)》第十五册,中央文献出版社2011年版,第384页。

患的严峻形势下、在危机四伏的复杂局面中明确道路，带领广大人民群众，凭借统一战线、武装斗争、党的建设三个主要法宝克敌制胜，这些党的实践经验中蕴含着丰富的底线思维理论。

1945年党的七大在抗日战争接近胜利的前夜召开，确定了毛泽东思想是党的指导思想。此时，抗日战争已经取得阶段性胜利，国际、国内战争形势一片大好，中国人民卫国战争的胜利已近在咫尺，但是身为党最高领导人的毛泽东同志没有被眼前的局部胜利冲昏头脑，没有因表面的有利形势而丧失对潜在不安定因素的理性判断，他列出了可能会出现的各种最坏情况，强调必须要把形势想得更复杂一点，把挑战看得更严峻一些，把困难估计得更充分一些，力争对可能出现的最坏情形做好充分的预判和准备。毛泽东同志在党的七大上作结论时讲到"准备吃亏"问题，专门讲可能要面对的困难。他连续讲了17条困难，一再提醒大家要充分估计困难，明确指出："我们要把估计放在最困难的基础上，我们要在最坏的可能性上建立我们的政策"，"要有充分的信心估计到黑暗"，"准备对付非常的困难，对付非常的不利情况"。[①] 这体现了生于忧

---

① 《毛泽东文集》第三卷，人民出版社1996版，第387—392页。

患、居安思危的思想已经深入到中国共产党的革命理念和执政意识中去了。

（四）解放战争时期（1946—1950）

抗日战争胜利后，国民党无视人民对和平、民主的期盼，逆施倒行，挑起全面内战。1945年8月蒋介石一边积极备战一边三次电邀毛泽东同志到重庆进行会谈，意欲借由谈判不成而发动战争，并把责任强加给我党。面对生死未知的迷局，毛泽东同志作了最坏的打算，并制定了针对性策略，毅然前往重庆，打破了国民党关于共产党不要和平、不要团结的谣言，以我党极大的让步换取人民力量的胜利，并使得国民党在政治上陷入被动地位。可以说，正是因为毛泽东同志始终具有底线意识才没有导致最坏情况的发生，没有使自身陷入囹圄，没有使全党全军在解放战争中丧失主动权。

战争初期的形势十分不利于人民革命力量，在军事和经济上共产党都处于弱势。中国共产党首先采用灵活战术和积极防御粉碎国民党的军事进攻，发动群众建立最广泛的人民民主统一战线，歼灭敌人有生力量；而后转入战略进攻，依靠人民群众，艰苦作战，压缩国民党统治区域；最后联合民主党派和无党派人士形成共产党领导的多党合作局面,在"解放全中国"的口号中发起伟大的战略决战彻底覆灭了国民党反动统治。面对1949年元旦之时国民党的"求和"与帝国主义的"调解",毛泽东同志在新华社新年献词中发起"将革命进行到底"的伟大号召,强调必须毫不动摇地彻底推翻压在中国身上的帝国主义、封建主义和官僚资本主义"三座大山",在全国范围内推翻国民党反动统治,并建立无产阶级领导的以工农联盟为主体的人民民主专政共和国,走上社会主义发展道路。

人民斗争坚持到底的胜利以及新中国的建立,是底线思维在新民主主义革命时期谋求最好结果的直接体现。毛泽东同志告诫全党,革命成功只是万里长征第一步,之后的工作会更伟大、更艰苦,为此他提出了"两个务必",即"务必使同志们继续地保持谦虚、谨慎、不骄、不躁的作风,务必使同志们继续地保持艰苦奋斗的作风"[①]。同时他还指出必须警惕资产阶级的"糖衣炮弹"攻击,始终要坚守党的先进性与纯洁性,永远与人民群众血肉联系,发扬光荣传统。这里面包含着对中国五千年历史的深刻借鉴,以及对新生人民政权实现长治久安的深刻忧思。新中国的建立彻

---

① 《毛泽东著作选读》(甲种本),人民出版社1965年,第274—275页。

底改变了中国近代百年的悲惨命运，中华民族走上了实现伟大复兴的壮阔道路。可以说，底线思维贯穿党的工作始终，渗透到大大小小、形色各异的问题中去，时刻警醒我们以全面的眼光看待事物的发展，无论处于开端还是进程抑或结尾的任何阶段，都要保持本心、居安思危，从逆境中走向光明，在光明中迸发力量，最终实现最大的胜利。

二、社会主义革命和建设时期底线思维的实践经验

中华人民共和国的成立开启了中国历史发展的新纪元，中国人民从此站起来了。从 1949 年到 1978 年，中国共产党团结带领全国各族人民，自力更生，艰苦奋斗，万众一心，奋发图强，确立了社会主义的基本制度，建立了比较完整的国民经济体系，取得了社会主义革命和建设的一系列伟大成就，不仅为改革开放积累了丰富的物质条件和实践经验，还对当下中国的发展进步奠定了政治前提和制度基础。回顾这一阶段取得的成果与遭遇的挫折，能够发现中国共产党在建国伊始从新民主主义向社会主义的过渡中，对于治国理政方面关系底线思维的运用和发展，深刻阐明了底线思维常用常新、永不过时、与时俱进的特征。

（一）过渡时期（1949—1956）

中华人民共和国傲立东方，标志着彻底结束了中国一盘散沙和半殖民地半封建社会的境况，实现了中国各民族高度团结统一以及从上千年封建专制政治向人民民主的伟大飞跃，并且壮大了世界和平民主与社会主义力量，对世界格局和历史进程产生了深远的影响。但是，万象更新的同时也存在着诸多严峻考验，军事上解放尚未完全结束，国民党负隅顽抗。经济上生产萎缩，民生困苦。国际上帝国主义虎视眈眈，阻碍恢复我国在联合国合法席位。这表明新生人民政权想要站住脚，共产党想要管好国家，仍然不容松懈，必须坚持底线思维，对国内国际形势作整体把握，作最坏预算，不给反动势力留有喘息机会。毛泽东同志通过"另起炉灶""打扫干净屋子再请客"和"一边倒"三条基本外交方针，将与国民党政府旧有的关系、予帝国主义的各种特权、寓中国土地的各种残余，完全划清界限，进行彻底清除，这是我们的政治底线，是新中国生存发展的底线。

1950年朝鲜内战爆发，美国政府进行武装干涉并派遣舰队侵入台湾海峡，甚至在之后越过三八线使得战火延绵危及中国。面对世界上经济实力最雄厚、军事力量最强大的美帝国主义，中国共产党毫不退缩，英明果决，抗美援朝。毛泽东同志明确指出："应当参战，必须参战。参战利益极大，不参战损害极大。"①这正是所谓的"打得一拳开，免得百拳来"，如若放任帝国主义的嚣张跋扈，战火迟早会燃至中国，不仅会丧失军事主动权，还会严重打击中国建设以及在国际上的声望。这无疑是对最坏情况的正确预料，因为当时美国的战斗机早已开到了中朝边境，与苏联的意识形态斗争使其不敢放任中国顺利发展扩大社会主义阵营，可以说美帝虎狼之心昭然若揭。中国人民志愿军威武雄壮、舍生忘死，以极其惨烈的牺牲和艰苦卓绝的战斗打破了美国不可战胜的神话。为了人类的和平与正义，为了祖国的安康和发展，中国人民志愿军作出了不可磨灭的贡献，真正从最坏境况出发，积极主动、逆转局面，取得了最好的结果。

1951年底，全国规模的镇压反革命运动基本结束，国家发展重心向恢复经济上转移，以土地制度改革为中心进行"一化三改造"，即实现社会主义工业化，并对农业、手工业、资本主义工商业进行社会主义改造，其中对农业、手工业实行合作化，对资本主义工商业

---

① 《毛泽东文集》第六卷，人民出版社1999年版，第104页。

实行公私合营，逐步解放和发展生产力。经过第一个五年计划，中国的科教文卫事业除旧布新，国防和军队建设成效显著，国民经济焕发生机，伴随大规模建设，为了更好服务经济基础，1954年第一届全国人大召开，一致通过了《中华人民共和国宪法》。宪法规定了我国是工人阶级领导的、以工农联盟为基础的人民民主国家。人民代表大会制度是我国的根本政治制度，这是中国人民在人类政治制度史上的伟大创造，是中国人民翻身做主、牢牢掌握自身命运的必然选择，亦是中国社会百年变革、跌宕浮沉中追寻的最好结果，是中国共产党人在底线思维指导下取得的又一伟大成就。毛泽东同志在中央人民政府委员会第三十次会议上这样评价这部宪法："一个团体要有一个章程，一个国家也要有一个章程，宪法就是一个总章程，是根本大法。"①

（二）建设时期（1956—1978）

1956年9月党的八大在北京举行，毛泽东同志指明大会的任务是"为了建设一个伟大的社会主义的中国而奋斗"。大会宣布我国无产阶级同资产阶级之间的矛盾已经基本解决，社会主义制度在我国已经基本建

---

① 《建国以来毛泽东文稿》第四册，中央文献出版社1990年版，第504页。

第四章 中国共产党人居安思危的历史经验

立起来,国内主要矛盾是人民群众建立先进工业国家的要求与落后农业国家的现实,人民群众经济文化快速发展的需要与当前经济文化不能满足人民群众需要的现状。如何建设社会主义成为我党执政后面临的一个崭新问题。毛泽东同志认识到苏联模式的局限,应以其经验教训为鉴戒,将马列主义的基本原理同中国革命和建设的具体实际相结合。以《论十大关系》为标志,作为党对中国社会主义建设道路探索的开端,基本方针是"一定要努力把党内党外、国内国外的一切积极的因素,直接的、间接的积极因素,全部调动起来,把我国建设成为一个强大的社会主义国家"。党的八大坚持党中央提出的既反保守又反冒进,即在综合平衡中稳步前进的经济建设方针。中国共产党深知和平来之不易,经济发展是当务之急,但即使在过渡时期之后,依旧不能掉以轻心,民主主义革命的弯路和苏联建设的局限应牢记心头,要居安思危、审时度势,现实处境与人民的期盼还相距甚远,为了最好的结果必须在道路探索中稳中求进、胆大心细,这给底线思维注入了新的灵魂。

1956年到1966年,中国共产党对中国社会主义建设道路艰辛探索,其中既取得了巨大的成就,也经历了一些曲折。工业建设进步显著,交通运输长足发展,农田水利成绩斐然，科技国防令人瞩目，教育卫生十分可观，文学艺术大量涌现，充分显示了党的路线方针是坚实可靠的，党的治国理政是能力充足的。这离不开一个又一个共产党人居安思危、牢记底线，不怕吃苦、艰苦奋斗，为实现最广大人民群众的根本利益而燃烧自己。铁人王进喜以身躯搅拌水泥防止石油井喷，河南兰考县委书记焦裕禄拖着疾病的身体封沙治水改地，人民解放军战士雷锋甘当螺丝钉勇于奉献、乐于助人而因公殉职，还有钱学森等一大批科学家更是热血洒戈壁，隐姓埋名，为了祖国的建设无私献出自己的青春与生命。所以说，居安思危不是一句口号，底线思维也不只是一个理论，它是以实践为基而又以实践彰显的，是通过无数革命先烈怀抱着崇高理想奋斗出来的，是跨过无数绝境舛途痛定思痛总结出来的，是走过无数高山与低谷、看过无数荣光与惨剧而不骄不馁、矢志不渝的，它应深刻在每一个共产党人的炙灼胸腔。

1966年到1978年，社会主义建设在曲折中艰难发展。正当我国才刚克服国民经济的严重困难，"文化大革命"发生并持续了十年。"文化大革命"是新中国成立以来党、国家和人民所遭遇的时间最长、范围最广、损失最大的挫折。它是一场由领导者错误发动，被反革命集团利用而发生的内乱。这有着复杂的国际国内历史原因：一是帝国主义长期的敌视封锁，以及中苏关系恶化带来的巨大压力，使得党对政治形势的判断和方针政策的制定失当；二是党对在一个经济文化落后的国家建设社会主义缺乏科学认识与思想准备，革命战争中阶级斗争的成功经验和对大规模群众性政治运动的过度依赖严重不合时宜。毛泽东同志极为关注党和人民来之不易的政权的巩固，高度警惕资本主义复辟的危险，对党和政府中萌发的享乐主义、官僚主义等现象深恶痛绝。尽管初衷无过，但对社会主义社会的建设和发展规律认识不足，对阶级斗争方法错误应用在人民内部的估计失当，对开展"文化大革命"会发生的后果没有预测到最坏情况，最终酿成了惨剧。1976年党中央粉碎"四人帮"标志着"文化大革命"的结束，也使得我们确证中国人民是伟大的，中国共产党能够自纠自正，中国共产党和社会主义制度具有强大的生命力。十年内乱是惨痛的教训，也是宝贵的经验，告诫我们底线思维不能遗忘。

三、改革开放和社会主义现代化建设新时期底线思维的实践经验

时间渐进至20世纪尾段，世界经济快速发展、科

学技术日新月异，中国自身也从十年内乱中荡涤而出，广大人民群众热切期盼着祖国大踏步发展走向繁荣昌盛。中国共产党认清国内外发展大势，在新中国何去何从的重大历史关头作出英明决策，将全党工作重心转移到社会主义现代化建设上来，实行改革开放，这是新中国成立以来党的历史上具有深远意义的伟大转折。从邓小平理论到"三个代表"重要思想再到科学发展观，几代领导人继承和发扬了马克思列宁主义和毛泽东思想，持续将科学社会主义理论同中国的实际情况相结合，在改革开放的进程中取得举世瞩目的成就。中国的全面发展，尤其是经济实力和国际地位的显著提升，离不开对底线思维的坚持和运用，在此时期，它再次表现出自身的价值。

（一）邓小平时期（1978—1992）

1977年党的十一大召开，大会重申了党的任务是将中国建设成社会主义现代化强国的重要导向。邓小平同志敏锐察觉到党内仍然存在的"左"的残余和思想混乱，认识到中国要进步必须突破"两个凡是"的方针，必须要解放思想。《实践是检验真理的唯一标准》一文发表和邓小平同志对毛泽东同志实事求是观点的着重阐释，引发了全国思想大解放的滚滚大潮，使全国上下、党内党外深切感受到中国同发达国家的差距，发展已经刻不容缓。这告诉我们对于"标准"和"底线"的认识本身也是有可能产生谬误的，应始终以实践作为判断标准，以实践为来源，以实践来检验，最后又付诸实践。尽管不同时期、不同境况下的底线的具体内涵有所变化，但只有保持实事求是、辩证分析，才能更好地指导工作实现最好结果。1978年12月的十一届三中全会，重新确立了党的实事求是的思想路线，以邓小平同志为改革开放的总舵手，立足于世界"和平与发展"的时代背景，完成了一次足以载入史册的伟大转折。

1982年9月党的十二大提出了"建设有中国特色的社会主义"重大命题，开启了中国全面的社会主义现代化建设。党的十二大极大地推进了经济体制改革和对外开放的新格局。农村改革以家庭联产承包责任制替代了人民公社体制，为农村商品经济的发展提供了条件。城市为中心的经济体制改革则形成了以公有制为主体、多种经济成分并存的所有制结构。邓小平同志认为，坚持公有制为主体就是经济领域的底线，实行社会主义制度必须坚持公有制经济的主体地位，这一点是决不能动摇的，是宪法中明确规定的。坚持公有制经济的主体地位是保证生产资料公有制的前提，能够有效杜绝人剥削人现象的产生,防止经济主体收入差距扩大,保证共同富裕在全社会的实现。换句话说,只有坚持公有制经济的主体地位,我国才能建设社会主义经济。他明确指出:"过去行之有效的东西,我们必须坚持,特别是根本制度,社会主义制度,社会主义公有制,那是不能动摇的。"①

  1987年党的十三大召开,确立了党在社会主义初期阶段的基本路线,即"一个中心,两个基本点":以经济建设为中心,坚持四项基本原则,坚持改革开放。"一个中心,两个基本点"是国家制定一切发展规划的底线,做任何事情都不能突破这个底线。经济建设作为各项工作的中心是富国强国的底线,突破了这个底线,其他建设会失去根本支撑;坚持四项基本原则是立国之本,突破了这个底线中国不再是中国;改革开放是中国现代化建设的必经之路,不走改革开放之路,就会走上歪路、邪路。"一个中心"为国计民生提供物质保障,提升广大人民群众的生活水准;"两个基本点"确保改革不偏轨、不越轨。正是因为始终坚持了基本路线这个重要底线,我国才坚守住了思想底线和道路底线,中国特色社会主义道路才能在世界焕发光彩。

---

  ① 《邓小平文选》第二卷,人民出版社1994版,第133页。

第四章　中国共产党人居安思危的历史经验

1992年邓小平同志在东欧剧变、苏联解体、社会主义在世界范围内陷入低潮之时，在党和国家历史发展的紧要关头之时，南下考察并发表系列重要讲话。他针对当时党内外关于改革开放建立经济特区引来的姓"资"姓"社"的争论，依据马克思主义理论来分析我国各个阶段的经验教训并制定了各项工作的科学标准，即"三个有利于"标准。强调实施改革举措的最终目的是提高社会主义社会生产力、促进生产关系变革，增强人民福祉，这是一切改革和建设进行、一切制度和政策制定，落实并发挥作用的底线。"三个有利于"标准助推了生产力的快速发展并保证了发展为人民的性质，为深化改革开放确立了界限，明确了经济社会改革的底线。

纵观邓小平同志治国理政时期，无论是政治方面如"一国两制"构想和港澳回归实践对于中国主权和统一的底线坚持，还是经济领域如改革开放和生产建设对于社会主义道路和公有制主体地位的底线坚持，他都能够对出现的困难进行预测性认识，以此为基础制定了符合客观实际的基准原则，最大努力实现好的结果。可以见得，中国共产党对于底线思维的理论构建愈发完善，对于底线思维的运用愈发娴熟，底线思维已经成为共产党人进行实践的不可或缺的武器。

（二）江泽民时期（1992—2002）

1992年末党的十四大在京举行，作了三项具有深远意义的决策：一是集中精力经济建设，二是建立社会主义市场经济体制，三是提出用邓小平同志建设有中国特色的社会主义理论武装全党。1997年2月邓小平同志逝世，同年9月党的十五大举行，大会把邓小平理论作为指引党继续前进的旗帜，把建设中国特色社会主义事业全面推向新世纪。江泽民同志意识到，改革开放在不断取得成就的同时也暴露出党内潜藏的一些问题。为此他特别指出："领导干部特别是高级干部一定要居安思危，忧党忧国忧民，千万不能高枕无忧、歌舞升平。"① 面对动荡不安的世界局势和20世纪80年代末社会主义国家的曲折发展现状，江泽民同志深刻意识到国际竞争会给中国带来新的风险和挑战，更加明白中国的发展道路不会是一帆风顺的，如果不能正确处理各种问题和困难，后果会非常严重。在这一系列问题、挑战中，党所面临的问题格外突出，因此他不断强调增强忧患意识，更是提出了"三个代表"重要思想为党的建设划定底线。

---

① 《江泽民文选》第三卷，人民出版社2006年版，第237页。

第四章　中国共产党人居安思危的历史经验

第一条底线是中国共产党始终代表中国先进生产力的发展要求。社会的进步是以先进的生产力为基础的，社会发展的动力和底线就是人民群众坚持不懈创造的、与时代相适应的先进生产力。中国共产党只有代表先进生产力才能根本上促进国家的全面发展，才能实现社会的变革，才能满足人民群众的需求。一个政党如果不能与先进生产力相一致，不能坚守其应有之底线，就必然不会促进社会的进步和发展，亦不会受到人民的拥护和爱戴，更不会成为有着十几亿人口大国的执政者。所以，党的建设要求中国共产党必须始终代表着先进生产力的发展要求，这是一条不容逾越的底线。

第二条底线是中国共产党始终代表中国先进文化的前进方向。中国共产党代表的先进文化就是马克思主义文化，这是我党具有先进性和纯洁性的根本底线。马克思主义理论来到中国，正如甘雨降临久旱的大地，从而唤醒了迷茫的知识分子；正如霹雳震颤着阴郁的长空，从而觉醒了蒙昧的工农民众；正如阳光透过层层的阴霾，从而指明了中国前进的方向。它是党制定一切制度、政策、规章的理论基础，更是实施任何举措坚持的行动指南，只有坚持马克思主义理论的指导，才能保证中国社会不会被西方资产阶级文化侵蚀腐朽，才能保证人民群众始终胸怀对共产主义的期盼而鼓足干劲，才能保证共产党人牢记使命与信念坚定地为人民服务，才能保证具有中国特色的社会主义道路方向正确、一片坦途。

第三条底线是中国共产党始终代表中国最广大人民的根本利益。人民拥护、人民赞成、人民高兴是对共产党执政的最大肯定。中国共产党自成立之初就以维护最广大人民的根本利益作为一条根本底线。丧失这条底线意味着党已经变色，国已经变质。把维护最广大人民的根本利益作为底线，意味着将为人民谋幸福作为党的初心使命，将为人民服务作为宗旨，这是中国共产党始终坚持以人为本的重要彰显。为了更好地实现人民群众的利益，党和国家必须在制定政策之前听取人民群众意见，在政策落实后认真听取人民群众的真实反馈以达到政策的优化，这对中国共产党自我完善和持续发展至关重要。只有这样才能真正做到发展依靠人民、发展为了人民、发展成果与人民共享，使得中国共产党从群众中来、到群众中去，绝不脱离群众。

（三）胡锦涛时期（2002—2012）

2002年党的十六大召开，大会对全面贯彻"三个

第四章 中国共产党人居安思危的历史经验

代表"重要思想提出了要求,并提出了全面建设小康社会的总体目标。大会具有前瞻性和预见性地指出,21世纪的头二十年是我国必须要紧紧抓住并可大有作为的重要战略机遇期。2007年党的十七大则重申了和平发展合作,建设和谐世界,彰显了中国在历史新阶段的大国风范、大国担当。回顾党在新世纪的十年中,机遇与挑战并存,一方面世界大局难得的稳定为我国经济发展、实力提升创造了条件,另一方面非典疫情、汶川地震等灾难也给人民群众造成了极大的伤害。胡锦涛同志领导全国人民建设社会主义国家,稳步前进、总结经验、继往开来,凝练出了极具智慧的科学发展观。他强调:"必须尊重科学、依靠科学……必须坚持抓好发展这个党执政兴国的第一要务,聚精会神搞建设、一心一意谋发展。"① 胡锦涛的科学发展观是坚持以人为本,全面、协调、可持续的发展观,其中具有深厚的底线意识,是建立在其对发展现状和未来趋势深刻把握的基础之上。

第一,发展是国家建设的底线。"发展作为第一要务"意味着发展始终是不可突破的工作底线,发展所带来的生产生活资料是社会进步和国家安全的根本保

---

① 《全国防治非典工作会议在京举行》,《中国青年报》2003年7月29日。

障。我们国家作为一个发展中国家，相比世界上发达国家落后诸多，这一现实要求我们必须以发展为底线，决不能回到落后就要挨打的时代，决不能丧失得来不易的国际地位与话语权。聚焦发展就是胡锦涛同志治国理念中的核心所在，是国家建设的底线。

第二，以人为本是发展的底线。科学发展观视域下的发展不是漫无目的的发展，而是为了促进人的发展而发展，是坚持以人为本为底线的发展。只有坚持以人为本的底线才能在发展中制定出符合人民利益的政策，进而在经济发展、环境保护、文化创新和社会保障等各个方面都做到始终围绕人民诉求，即一切发展为了人民，真心为人民群众着想，切实帮助人民群众解决困难。

第三，全面协调可持续是战略底线。发展不是随心所欲地发展，是以客观世界的规律为基础的，只有在尊重规律的条件下利用规律才能实现科学发展，这就是科学发展观的战略要义所在：以不损害后代人的发展为底线、以满足当代人的发展为目标的发展理念。所以，以此为科学发展的底线就是胡锦涛同志治国理政的底线。

第四，统筹兼顾是由底线预测向最好结果转化的具体方法。发展不是盲目自发的，建设不是一蹴而就的，统筹兼顾要求我们必须看到事物之间的固有联系，不能走西方国家先发展再治理的老路，不能以牺牲长远的代价来换取眼前的利益。"统筹"就是要求经济建设与自然环境之间、城市发展与乡村振兴之间、国内稳定和国际和平之间都做到协调。"兼顾"就是讲究既要守住优势、继承精华，也要克服困难、杜绝糟粕；既要看到差距、注重公平，也要认清情况、提升效率；既要强调进步、担当现下，也要目极千里、健康未来。统筹兼顾的发展方法是我们在中国特色社会主义道路上走得又快又好的一个底线。胡锦涛同志强调："我们必须有足够估计，做好最充分的准备。……宁可把风险和困难估计得足一些，也千万不要因为估计不足而在风险一旦发生时手足无措，陷于被动。"① 这些都体现了底线思维在中国进入新世纪后，在经济快速发展时期的全新应用。

四、中国特色社会主义新时代下底线思维的实践经验

社会主义从来都是在奋勇开拓中前进，必定随着

---

① 《胡锦涛文选》第三卷，人民出版社2016年版，第19页。

形势和条件的变化不断向前发展，十八大后中国特色社会主义进入新时代，其新在于社会主要矛盾发生新变化、党的理论创新实现新飞跃、党和国家事业确立新目标、中国和世界关系开创新格局、中国共产党展现新面貌。这标志着中国特色社会主义建设取得了辉煌成就，同时又踏上了全新征程，这离不开中国共产党的先锋与领导，离不开历代共产党人的智慧与实干，离不开广大人民群众的团结与奋斗。习近平同志领导时期的中国迎来了全方位发展和进步，各个领域争相创高，空前繁荣，目及之处皆可明见的是党和国家的事业实现了历史性变革，久经磨难的中华民族终于迎来了从站起来、富起来到强起来的伟大飞跃，中华民族伟大复兴的美好愿景就要到来。这一时期，底线思维理论在广泛的运用与着重的强调中臻于完善、趋于成熟，不仅继承了我党百年奋斗史上居安思危的忧患意识精华，还系统地与马克思主义理论结合创新，从而能够更好地指导工作、推进发展。

（一）十八大时期（2012—2017）

2012年党的十八大召开，大会以坚持和发展中国特色社会主义为主线，确立科学发展观为党的行动指南，充实中国特色社会主义理论体系，并根据我国经济社会现实情况确定了全面建成小康社会的目标。小康社会，即"经济持续健康发展，人民民主不断扩大，文化软实力显著增强，人民生活水平全面提高，资源节约型、环境友好型社会建设取得重大进展"。大会着重阐述了中国特色社会主义的总任务是实现社会主义现代化和中华民族伟大复兴。不难发现"五位一体"总体布局和全面建成小康社会的目标是党在社会主义初级阶段的总依据下所划的一条发展底线，而社会主义现代化和中华民族伟大复兴则是基于该底线提出的预期构想，这要求中国共产党必须以更大的政治勇气和政治智慧，不遗余力深化改革和破除弊端，构建更加成熟、更加定型的制度体系，真正做到不负人民、不辱使命。习近平同志在新进中央委员、候补委员和省部级主要领导干部专题研讨班上提出，"各种风险我们都要防控，但重点要防控那些可能迟滞或中断中华民族伟大复兴的全局性风险"[①]。为了实现中华民族伟大复兴中国梦，就一定要实现国家富强、民族振兴、人民幸福，一定要坚持底线思维，矢志不渝，艰苦奋斗。

---

① 中共中央党史和文献研究院编：《习近平关于防范风险挑战、应对突出事件论述摘编》，中央文献出版社 2020 年版，第 16 页。

（二）十九大时期（2017—2022）

2017年党的十九大召开，大会主题是：不忘初心、牢记使命，高举中国特色社会主义伟大旗帜，决胜全面建成小康社会，夺取新时代中国特色社会主义伟大胜利，为实现中华民族伟大复兴的中国梦不懈奋斗。大会确立习近平新时代中国特色社会主义思想为党的指导思想。大会提出我国社会主要矛盾已经转化为人民日益增长的美好生活需要和不平衡不充分的发展之间的矛盾。这一关系全局的历史性变化，一方面是经济建设持续进步的必然结果，证实了我国在党的英明领导下勇攀高峰、再创辉煌；另一方面是社会主义不断发展的必然要求，对党和国家的工作提出了新的要求。十九大报告明确指出，中国共产党人必须牢记初心使命，即为中国人民谋幸福，为中华民族谋复兴。这是每一位同志必须铭刻于心、实践于行的铁律和底线，必须要有担当有责任，切忌空谈，实干兴邦，勇于斗争，直面问题矛盾和风险挑战。习近平同志指出："防范化解重大风险，需要有充沛顽强的斗争精神。领导干部要敢于担当、敢于斗争，保持斗争精神、增强斗争本领，年轻干部要到重大斗争中去真刀真枪干。"[①]

---

① 《习近平谈治国理政》第三卷，外文出版社2020年版，第223页。

第四章 中国共产党人居安思危的历史经验

（三）二十大时期（2022—2027）

2022年党的二十大顺利召开，主题是：高举中国特色社会主义伟大旗帜，全面贯彻新时代中国特色社会主义思想，弘扬伟大建党精神，自信自强、守正创新，踔厉奋发、勇毅前行，为全面建设社会主义现代化国家、全面推进中华民族伟大复兴而团结奋斗。大会要求全党全国贯彻习近平新时代中国特色社会主义思想，踏上全面建设社会主义现代化国家、向第二个百年奋斗目标进军的新征程。回顾过去几年，新冠疫情肆虐中华大地，党中央高度重视，习近平同志提出坚定信心、同舟共济、科学防疫、精准施策的总要求，将人民生命安全和身体健康放在第一位。新冠疫情还加快了世界格局演变，保护主义、单边主义抬头，逆全球化因素凸显，甚至某些地区燃起了战火，陷普通平民于危险和恐慌之中。面对复杂错综的国内国际环境，党中央带领全党和全国人民立于底线、积极主动，努力在危机中孕育先机，在变局中开创新局，以奋发有为的精神推动中国特色社会主义稳步行进。

学党史、用党史，伟大的中国共产党的百年奋斗史告诉我们必须始终把握底线思维这一思想利器。毛泽东同志、邓小平同志、江泽民同志、胡锦涛同志

底线思维

党的几代领导人提出的"从最坏的可能性着想、准备对付最坏局面"的思维方式是对中国传统忧患意识与马克思主义辩证思维相结合的理论智慧与实践成果，并在不同历史阶段与实际困难斗争中得以具化。以习近平同志为主要代表的当代中国共产党人进一步把这种思想方法明确和提炼为"底线思维"，将其作为防控重大风险的重要思想方法和工作方法，习近平同志明确指出要"从最坏处着眼，做最充分的准备，朝好的方向努力，争取最好的结果"①。这不仅对防范化解那些有可能迟滞甚至中断中华民族伟大复兴进程的全局性风险具有重要的指导意义，而且对从根本上解决"跳出历史周期率"这一重大课题提供了重要指引。底线思维在党的历史实践中处处可见、时时彰显，指引着一代又一代共产党人英勇抗争数次于绝境中逢生，鞠躬尽瘁为人民幸福屡创奇迹，并勇毅前行以牢不可破的共产主义信念再踏征程。不论是新中国的成立与巩固，还是改革与发展，抑或进入新世纪的崛起与壮大，并且行至不久将来的伟大与兴盛，底线思维始终是中国共产党执政治国的重要方法和宝贵财富！

---

① 习近平：《高举中国特色社会主义伟大旗帜 为决胜全面小康社会实现中国梦而奋斗》，《人民日报》2017年7月28日。

第五章　防范各种"黑天鹅""灰犀牛"

　　面对波谲云诡的国际形势、复杂敏感的周边环境、艰巨繁重的改革发展稳定任务，我们必须始终保持高度警惕，既要高度警惕"黑天鹅"事件，也要防范"灰犀牛"事件；既要有防范风险的先手，也要有应对和化解风险挑战的高招；既要打好防范和抵御风险的有准备之战，也要打好化险为夷、转危为机的战略主动战。

　　——习近平总书记在省部级主要领导干部坚持底线思维着力防范化解重大风险专题研讨班开班式上的讲话

　　中国近几十年来的经济飞速发展，当今社会所面临的各种风险也在日益增加。这就要求我们要始终保持高度警惕，对各种社会现象及社会问题进行认真思考，冷静研判，防范各种"黑天鹅"事件、"灰犀牛"事件的发生。所谓"黑天鹅"事件就是指小概率的高风险事件。由于常见的天鹅都是白色的，我们常常会得出"天鹅都是白的"的结论,然而,尽管黑天鹅很少出现,但它是真实存在的,因此一经发现,"天鹅都是白的"这一结论就会崩塌。所以"黑天鹅"事件常常用来比喻那些概率很小却影响巨大的事件,比如突发的新冠疫情就是一个典型的"黑天鹅"事件。而"灰犀牛"事件则指的是大概率的高风险事件。"灰犀牛"与"黑天鹅"完全不同,灰犀牛出现的概率远远比黑天鹅要高,但灰犀牛由于行动迟缓,常常不被重视。然而,灰犀牛一旦被触怒,它就会向你攻击,使你受到生命威胁。所以,"灰犀牛"事件常常用来比喻那些大概率发生的、危害性高的风险事件,其爆发之前往往还会伴随一系列的警示信号,比如 2008 年在美国次贷危机爆发之前,尽管大家都知道"次贷"存在高风险,但由于投资回报高因而未能重视,这就是一个典型的"灰犀牛"事件。因此,我们常常用"黑天鹅"指代那些没有预兆的、无法预测的、对社会带来极大危害的小概率风险性事件,用"灰犀牛"指代那些在社会中习以为常却屡遭忽视的大概率危机性事件。从本质上来看,小概率风险事件的"黑天鹅"实际上就是意外风险事件,而大概率风险事件的"灰犀牛"实际上就是内在性的潜在危机。无论是小概率发生的"黑天鹅",还是大概率发生的

第五章　防范各种"黑天鹅""灰犀牛"

"灰犀牛",其造成的危害性影响都是巨大的,都会对发展与安全带来巨大威胁。这些风险事件对于社会的稳定发展和人民的生命财产构成了严重威胁。因此,我们必须善于运用底线思维,深入评估各类社会风险,及时防范化解各类风险,及时防范化解各种"黑天鹅""灰犀牛",保障人民的生命财产安全,维持社会秩序的和谐稳定,确保中国式现代化进程的稳步推进。

针对"黑天鹅"事件,在遇到习以为常的情况时,我们要考虑到是否还有可能会出现别的情况,并将可能出现的情况进行深入思考,运用底线思维,判断其给发展与安全带来的影响,这种影响造成的最坏情况是什么,我们是否可以接受。针对"灰犀牛"事件,我们要对常见现象运行的本质进行分析,把握这种现象背后运作的规律是什么,是什么导致了这种现象,这个现象背后运作的规律或者原则是否是可持续的,是否会对社会造成不可逆转的危机性影响。简单来说就是,对于任何现象、任何情况,我们都要在横向上考虑其各种可能性,在纵向上考虑其发展下去的后果,运用底线思维对各种可能、各种后果进行评估。只有这样,才能做到有备无患,做到防微杜渐。

一、以全球思维谋篇布局，坚持统筹发展和安全

自党的十九大以来，习近平总书记曾多次讲道，"当今世界正面临百年未有之大变局"①。面对日益复杂的国际局势，不安定的风险因素日益增加，而发展和安全是中国式现代化进程当中必须抓好的两件大事。正如车之两轮、鸟之双翼一样，发展与安全之间是齐头并进、相辅相成的关系。"安全是发展的前提，发展是安全的保障"②，没有安全的内外环境，就没有良好的发展环境，没有国家的全面发展，维护国家安全也就如同"无米之炊"。因此，我们必须具备大局意识，从大局出发，以全球思维谋篇布局，统筹好发展和安全这两件大事，有效确立国家、社会的发展目标，为中国式现代化提供明确实践方向。

（一）谋发展需要底线思维

坚持统筹发展与安全，是中国式现代化的本质要求，发展与安全都需要具备底线思维。习近平总书记

---

① 《习近平谈治国理政》第三卷，外文出版社 2020 年版，第 390 页。
② 中共中央党史和文献研究院编：《十八大以来重要文献选编》（下），中央文献出版社 2018 年版，第 309 页。

第五章 防范各种"黑天鹅""灰犀牛"

在党的二十大报告中指出,"从现在起,中国共产党的中心任务就是团结带领全国各族人民全面建成社会主义现代化强国、实现第二个百年奋斗目标,以中国式现代化全面推进中华民族伟大复兴"。① 中国式现代化是中华民族伟大复兴的必由之路,没有中国式现代化,中华民族的伟大复兴就如无源之水、无本之木。因此,为了中华民族的伟大复兴,我们必须要认真学习贯彻党的二十大精神,坚决跟随党的领导,为中国式现代化贡献力量。在党的十九届五中全会上,习近平总书记对中国式现代化的内涵进行了较为详细的阐明:"我国现代化是人口规模巨大的现代化,是全体人民共同富裕的现代化,是物质文明和精神文明相协调的现代化,是人与自然和谐共生的现代化,是走和平发展道路的现代化。"② 从这一阐述中可以看出,中国式现代化不仅仅是经济的发展,而是包括政治、经济、文化等等多方面、全方位的发展;中国式现代化不仅仅要实现人与自然的和谐共生,更要实现国与国之间的友好相处。因此,发展本身就是中国式现代化的内在要

---

① 习近平:《高举中国特色社会主义伟大旗帜 为全面建设社会主义现代化国家而团结奋斗——在中国共产党第二十次全国代表大会上的报告》,《人民日报》2022年10月26日。

② 习近平:《把握新发展阶段,贯彻新发展理念,构建新发展格局》,《求是》2021年第9期。

求，发展本身就需要具备底线思维的保驾护航。

将中国发展为现代化强国是中华民族伟大复兴的外在需求。纵观世界，任何民族的崛起都不是一蹴而就的，这就意味着中华民族的伟大复兴不可能一帆风顺。我们越是发展壮大，遇到的阻力就会越大，面临的局面就会越复杂。在中国共产党的领导下，中华民族筚路蓝缕，创业维艰，从站起来到富起来，再到强起来，这几个阶段没有一个阶段是轻轻松松的，也没有一个阶段的周边环境是绝对安全的。从中华民族的崛起历程来看，发展从来就不是可以分割开来的。历史的车轮滚滚至今，中华民族来到了决定命运的关键时期，以习近平同志为核心的党中央高瞻远瞩，作出了我国发展仍然处于重要战略机遇期的科学论断，明确地分析出中华民族当前的形势处境。尽管当下在全球疫情的影响下，我们遇到了一些困难，但我们也应该看到机遇往往是与挑战并存的。虽然中华民族的复兴之路上不确定的风险因素依然很多，但只要冷静分析全球局势，把握好全局与局部的关系，中华民族的伟大复兴就必将势不可当。因此，面对瞬息万变的国际形势、错综交织的利害关系，中华民族要发展，要复兴，就必须在充满风险的大环境中以底线思维为科学的方法论，为中华民族的伟大复兴保驾护航。

（二）安全离不开底线思维

坚持统筹发展与安全，必须具备底线思维。中华民族的伟大复兴需要统筹好发展与安全两个方面，发展离不开底线思维，安全就更离不开底线思维这一方法利器。今天的安全不仅仅涉及国内，更是需要具备全球视野。"不谋全局者，不足谋一域"，没有对全局的基本掌握就难以认清局部形势，就难以将局部的事情处理好。

从国家安全方面来看，中国的安全并不单单是中国领土范围内的事情，也不仅仅是与邻国相关的事情。新中国成立之初，"美国借朝鲜战争爆发之机，在武装干涉朝鲜的同时派遣第七舰队侵入台湾海峡。与此同时，不利于新生政权巩固的国内因素大大增加"[①]。在这样的背景下，毛泽东同志并没有单单在中国的领土范围内考虑问题，也不是单单从国内的经济角度考虑问题，而是从底线出发、从大局出发，充分分析了世界形势，统一全党思想，决定出兵朝鲜，为新中国打出了一个稳定的发展期。不仅是抗美援朝战争，新中国成立后进行的任何一场对外战争都是在领土安全受

---

① 章百家：《"抗美援朝"与"援越抗美"——中国如何应对朝鲜战争与越南战争》，《世界政治与经济》2005年第3期。

到威胁的情况下进行的。与之相伴的，我们也不难看出每一场战争背后的其他大国的影响。从最后的结果来看，每一次的对外维护国家安全都是党中央深谋远虑、从最坏的可能性入手取得的最好结果。1962年我国与印度边境冲突不断，中印爆发了边境之战，党中央从国际局势分析我们可能遇到的最坏局面，力争最好的结果，对印度战争胜利后迅速控制局面与规模，从而形成了对我国的有利局面。1979年为遏制越南霸权思想，我国人民解放军出兵越南，在短时间内占领了越南北部20余个重要城市和县镇，一个月之内便取得胜利。随后党中央综合研判了当时的国际局势，特别是美苏争霸后期国际大势，制定了速战速决的战略，这一战略既为我国打开了外交局面，同时又有力地提振了国内士气，无论是美国还是苏联都异乎寻常地表示沉默。事实上，党中央在这次战争前就已经充分研判了事情走向，并对可能的最坏结果进行了充分估计。正是从"最坏处入手"思考、争取"最好的结果"这一底线思维，新中国在成立之后进行的几次战争都达到了预期设想，并保证了最后的结果。

从经济安全方面来看，随着经济全球化的不断深入，世界各国已在经济上形成了广泛合作的局面，形成了利益密切相关的"共同体"。习近平同志在就任总

第五章　防范各种"黑天鹅""灰犀牛"

书记后首次会见外国人士时就曾表示,国际社会日益成为一个你中有我、我中有你的"命运共同体",面对世界经济的复杂形势和全球性问题,任何国家都不可能独善其身。① 中国是世界的一部分,世界的脉动影响着中国的脉动,回望历史,改革开放正是在邓小平同志所指明的"和平与发展是当今时代主题"的世界潮流的大背景下进行的,经过 40 多年的不懈奋斗,中国已从当初较为落后的发展水平逐渐变强。与此同时,中国对于世界经济增长贡献率也在变得越来越高,根据世界银行的报告,从 2013 年至 2021 年,中国对世界经济增长的平均贡献率为 38.6%,这一数字超过 G7 国家贡献率的总和。② 因此,从这一事实不难看出,中国经济的发展与世界经济的发展是分不开的,正如习近平总书记所说的"中国的发展离不开世界,世界的繁荣也需要中国"③。但是国家的经济安全同样离不开底线思维,离不开从最坏处入手争取最好结果的底线思维。1997 年亚洲爆发金融危机,以索罗斯为代表的国外金融大鳄开始疯狂搅动亚洲市场,中国香港也

---

① 参见曲星:《人类命运共同体的价值观基础》,《求是》2013 年第 4 期。
② 参见樊宇、傅云威:《世行报告:中国经济十年对世界经济增长贡献率超 G7 总和》,2022 年 10 月 26 日,http://www.news.cn/fortune/2022-10/26/c_1129080437.htm。
③ 《习近平:中国的发展离不开世界,世界的繁荣也需要中国》,2020 年 11 月 10 日,http://www.gov.cn/xinwen/2020-11/10/content_5560310.htm。

未能幸免,并一度遭遇到难以想象的危机。关键时刻,中央政府从国家经济安全考量,尽管当时我国外汇储备并不丰富,但通过斗争谋和平、通过稳定香港金融市场维护国家安全的决心彻底粉碎了国外金融势力的妄想。维护了香港市场稳定,就是维护了国家经济安全稳定;破坏了香港稳定,就是触犯了中国国家安全稳定的底线。面对损害和危及我国安全底线的国外反动势力,必须从底线思维出发,敢于斗争,敢于胜利,敢于从斗争中求发展求稳定,才能保证中华民族的伟大复兴不被意外事件所打断、所干扰,才能保证中国特色社会主义事业的伟大巨轮巍巍前行。

二、强化底线思维,坚持原则性和策略性相统一

底线思维是习近平总书记立足于中国特色社会主义事业的伟大实践而提出的一种思维方式。得益于我国国民受教育程度的普遍提高,底线思维这一方法论为人民群众日用渐知,对于广大党员干部来说也是常用常新。底线思维告诉我们,目的在于争取最好的结果,而不是守着"底线"做事,往最坏处想是为了保证不得到一个坏结果。底线思维还在实践方面具有极强的优势,往最坏处想,向最好处努力,是一切求成

上进之人在生活工作中的真实写照。因此,虽然从字面上看底线思维倾向于原则性,但实际上原则性只是为了避免最后得到一个坏的结果,是争取好的结果的重要保障,有了这个保障,我们才能通过讲策略去努力争取一个好的结果。所以说,底线思维始终都是着眼未来的,是以结果为导向的,原则性是为了不得到最坏的结果,策略性是为了争取最好的结果,原则性与策略性是高度统一的关系。因此,强化底线思维,就必须把握好原则性与策略性之间的关系,在工作中务必要做到兼顾二者。

(一)原则性

原则性是工作的"底线"。底线是一个常用词,球场比赛上常常以底线作为判定出界的标准,而生活中我们也常常说"做人要有底线"。不仅做人,"底线"一词还常常延伸到其他领域,比如道德底线、法律底线、职业底线等等。"中国人从来就有底线。做生意,明码实价,童叟无欺;做学问,言之有据,持之有故;做官,不夺民财,不伤无辜;做人,不卖朋友,不丧天良。正是靠着底线的坚守,中华民族虽历经苦难,中华民族却得以延续。"[1] 在工作中,我们所讲的原则性其实就是

---

[1] 易中天:《底线是最重要的》,《广州日报》2012 年 5 月 21 日。

一种"底线",只不过这种原则性所包含的方面更加全面,它既要求我们有做人的底线,又要求我们有道德底线,还要求我们在政策的制定与执行中有底线。从某种意义上讲,工作中的底线是道德底线的延伸。比如道德底线要求我们认真做事,不偷奸耍滑,不弄虚作假,在工作中同样是如此,我们不能糊弄上级,欺压下级,更不能在工作中偷懒、造假,这既不符合道德底线,也不符合共产党人的底线。更重要的是,中国共产党的宗旨是全心全意为人民服务,它要求我们将广大人民群众的利益放在第一位,这本身就是一种至高无上的道德体现,而政策的制定与执行总是会对人民群众造成影响,这就对我们的工作提出了一种原则性的要求,就是要时时刻刻关切到广大人民群众的利益所在。人虽然不一定都有高尚的境界,但人人都应有基本底线,所以,无论是在生活中还是工作中,我们都必须要讲原则,知道什么能做,什么不能做,这是身正不怕影子斜的底气所在。

原则性在具体的工作当中,是一条条生动的底线。做人做事的底线,"至少不妨碍别人的生存,不侵犯别人的利益,不破坏社会的环境"①。工作中的原则性也是如此,我们制定或执行政策应当尊重、保护人民群

---

① 易中天:《底线是最重要的》,《广州日报》2012年5月21日。

第五章 防范各种"黑天鹅""灰犀牛"

众的利益，不侵犯人民群众的合法权益。与人相处的底线，就是要真诚待人，不能虚情假意。所谓益者三友，"友直，友谅，友多闻"，也就是说，好的朋友要正直、宽容、见多识广。工作中对待同志也是如此，遇到他们工作方法不对的时候要直接讲出来，当其他同志对我们的工作方法提出批评的时候要宽容，不记仇，要善于批评与自我批评，让"红红脸出出汗"成为我们的工作常态，这样我们的工作氛围才不会是各自心思沉重，同志之间也不会产生积怨，我们才能拥有轻松愉快的工作氛围、快人快事的工作作风，我们的工作也会进行得更加顺利。作为党员干部，更要时时刻刻警惕做人做事的警戒线，牢记突破底线的后果。一要守住法律底线，遵规守纪，依法做事；二要守住纪律底线，讲党性，讲政治，不越权办事，不利用职权谋取个人利益；三要守好政策底线，严格学习贯彻党和国家的政策，不欺上瞒下，不搞"上有政策，下有对策"，不搞官僚主义、形式主义；四要守好道德底线，党员干部的道德底线是高于一般社会公德的底线的，必须用社会道德、职业道德、处世道德等等进行自我约束。

（二）策略性

策略性是工作中的方式方法。原则性主要指的是工作中的行事准则，而策略性指的是为了完成工作目标，在可以做什么的空间中灵活变通，不僵化死板地完成任务。很多情况下，为了完成一项工作任务，并不是像将石头从东边搬到西边那么简单，它需要我们确定工作目标，分析工作思路，并根据现实情况不断调整。所以，策略性实际上指的就是为达成目标所作出的阶段性规划，以及为了应对现实情况的灵活调整。完成目标是我们工作的底线，完成方法是我们工作的策略，底线与策略并不矛盾，甚至策略是为了底线、完成底线、保证底线的。

以四渡赤水为例，遵义会议后，中央红军本计划由黔北地区北上，经川南渡江后转入新的领域，协同红四方面军，由四川西北方向实行总的反攻。① 但由于情报原因，我军对川军部署没有充分掌握，土城战役由计划的歼灭战打成了胶着战。随后，在毛泽东同志的建议下，党中央果断决定撤出战斗，由猿猴（元厚）、土城，一渡赤水，向西进军至扎西一带。随后蒋介石重新部署新的包围圈，但是我军避实就虚，回师东进，由太平滩、二郎渡，二渡赤水，作出要到湘西与红二、红六军团会师的架势，据此，蒋介石又重新

---

① 参见《毛泽东年谱（一八九三——一九四九）》上卷，中央文献出版社2002年版，第444页。

第五章　防范各种"黑天鹅""灰犀牛"

部署，准备构建綦江—松坎、桐梓—娄山关防线，堵住红军去往湘西的道路，以再度围困我军。但由于我军进军神速，抢先拿下桐梓，转而挥师向南，攻克娄山关，并击溃王家烈部、吴奇伟部重占遵义。据此，蒋介石再度重新部署，企图合攻遵义，我军本根据蒋介石的部署制订了作战计划，准备于鸭溪镇设伏，歼灭来自西面的周浑元部，但蒋介石又重新作出了部署，准备重新拿出碉堡战术对付红军，随命周浑元部退守鲁班场。经过一番争议，我军决定向西攻打鲁班场，未克。随即攻占仁怀，于茅台镇三渡赤水。随即在赤水西部地区隐蔽起来，并派遣疑兵作出北渡长江的架势。蒋介石再度重新部署，这时隐蔽在赤水西部的我军挥师北进，于太平渡、九溪口、二郎滩四渡赤水，随即转而向南，抢渡乌江，威胁蒋介石所在的贵阳。蒋介石再度重新部署，但我军却转而向东在清水河畔大量搭建浮桥，又作出要与红二、红六军团会师的架势，蒋介石再度重新部署，调动国民党军队向东追击我军。这时我军迅速南下，在贵阳、龙里之间穿插过去，向金沙江进发。

正如毛泽东同志所说："为了进攻而防御，为了前进而后退，为了向正面而向侧面，为了走直路而走弯路，是许多事物在发展过程中所不可避免的现象，何况军事运动。"① 在日常工作中也是如此，有时虽然我们有着明确的目标，但是这个目标并不是能够轻易达到的，所以为了完成这个目标，就必须要讲究策略性。毛泽东同志讲："我们不但要提出任务，而且要解决完成任务的方法问题。我们的任务是过河，但是没有桥或没有船就不能过。不解决桥或船的问题，过河就是一句空话。不解决方法问题，任务也只是瞎说一顿。"② 如何解决船和桥的问题就是策略性问题，准确地说，是策略的阶段性，因为解决了船和桥的问题，我们就达到了一个阶段性的目的。但是如何解决桥和船的问题就是策略的灵活性，我们既可以自己准备材料造，也可以从敌人那里缴获材料造，还可以依靠群众帮助我们解决。根据这些方法策略，又要制定新的方法策略，即我们去哪里获得材料，我们如何从敌人那里缴获，我们如何让群众帮助我们解决，是像国民党那样巧取豪夺还是获得群众信任，让群众主动帮助我们。巧取豪夺带来的危害是什么，主动帮助我们带来的好处又是什么。在这个过程中，充满了策略的灵活性。所以为达成某一项目的，必须充分分析完成这一任务中的策略性，而这种策略性既包括策略的阶段性又包

---

① 《毛泽东选集》第一卷，人民出版社 1991 年版，第 196 页。
② 《毛泽东选集》第一卷，人民出版社 1991 年版，第 139 页。

括策略的灵活性。

对于日常工作中的很多难题，讲策略既是做好工作的重要途径，也是我们个人价值的重要体现。讲原则是我们作为党员干部必须具备的基本素质，而策略性则是工作完成好坏的决定因素。由于日常工作并不总是那种一帆风顺、顺风顺水的简单工作，而总是会遇到一些障碍坎坷，这时策略性就成了解决难题的出路。不讲策略，只是两手一摊，坐以待毙，是完不成工作、做不好工作的。所以，遇到工作中的难题，必须注意讲策略：一是要想好工作思路，制定阶段规划；二是要在工作中结合实际情况，灵活调整。简单来说就是，对于将来要有谋略，对于现在要讲计策。所以策略性要求我们不仅要掌握好整个工作的开展过程，还要控制好到当下工作的发展走势。做到这一点，我们的工作难题才能得到更好的解决，我们的个人价值才能得到充分的发挥。明白了策略性与底线的关系，我们就抓住了工作的"牛鼻子"，就能更好地完成我们的工作任务。

（三）原则性与策略性的统一

正如在长征途中，中共中央和中革军委发布的《告全体红色指战员书》中所说的那样："为了有把握地求得胜利，我们必须寻求有利的时机与地区去消灭敌人，在不利的条件下，我们应该拒绝那种冒险的没有胜利把握的战斗。因此，红军必须经常地转移作战地区，有时向东，有时向西，有时走大路，有时走小路，有时走老路，有时走新路，而唯一的目的是为了在有利条件下求得作战的胜利。"① 长征的目的是保证红色政权的生存，但是这个目的的达成会遇到方方面面的障碍，有来自国民党军队的，有来自后勤补给的，有受制于地形关隘的，等等。因此我们必须讲究策略性，阶段的策略性体现在我们为了与红四方面军会合就必须渡过长江水系，灵活的策略性体现在我们为了摆脱敌人的包围圈可能忽然向东或忽然向西，为了前进而后退，为了走直线而走弯路。但是，在追求策略性的同时，我们又要讲原则性。我们不能在明知北渡长江的计划不能完成的情况下，不顾伤亡地让红军战士白白牺牲在土城，也不能丝毫损害长征途中群众的利益，因为这些都会直接导致我们的处境更加恶化。

所以，为了达成目的，我们既要追求策略性，还要讲原则性，既要通过阶段的、灵活的策略性达成目的，还要在这个过程中不违背原则。而底线思维要求

---

① 《毛泽东年谱（一八九三——一九四九）》上卷，中央文献出版社2002年版，第448页。

第五章 防范各种"黑天鹅""灰犀牛"

我们要着眼最坏的情况,这就要求我们必须讲原则性,因为违背了原则必然会带来最坏的情况,比如触犯了纪律甚至法律、伤害了群众的利益、损害了党和政府的威信、造成了国家资产的损失等等。只有在不违背原则的条件下,我们才能有充分的余地去追求最好的结果。那么如何追求最好的结果呢?这就要求我们讲究策略性,就是说先找到得到最好结果的方法。但是,现实情况往往是复杂的,这种复杂性是我们争取最好结果道路上的不确定性因素。所以,我们既可能需要预先制定阶段性的工作方案,还要根据现实中的复杂情况不断调整方案。由此我们可以看到,在具体的工作过程中,策略性是争取最好结果的方法,而原则性是避免最坏结果的方法。正所谓"有无相生,难易相成,长短相形,高下相倾,音声相和,前后相随"。策略性与原则性正是以导向结果的好坏为准则,高度辩证统一于一起的。所以底线思维的运用,就是要坚持策略性与原则性的统一。

因此,我们必须强化底线思维,而不是仅仅停留在字面理解上,底线思维本质上是一种教会我们如何作出好成绩的工作方法,是能够让我们练就自身本领的"武功秘籍"。有了这个方法,我们就可以在工作中更有效率地处理问题,处理问题的关键在于要坚持原则性与策略性的统一，原则性可以避免我们犯错误，可以避免我们造成工作失误，可以避免我们在工作最后得到一个坏的结果，策略性是我们在工作中要注意的方式，是我们作出成绩不可或缺的必备素质。所以，强化底线思维必须要坚持原则性与策略性的统一，只要能做到这一点，在工作中就能战无不胜，无往不利。

三、凡事从坏处准备，努力争取最好的结果

如果说不违背原则，只是避免对个人、党和群众造成最坏结果的起码条件，那么对于具体工作的执行，还要考虑到工作本身最后结果的好坏。所以在发现事情存在变坏的可能之前，应该做好准备，避免坏的可能变成坏的现实。因此，着眼最坏处，是为了做好准备，做好防范，避免得到无法挽回的结果。作为党员干部，我们从事的工作往往是公共事业，是涉及集体利益的，只要工作没有做好，就会损害到公共利益，在社会层面就会产生不良影响。故在工作当中，我们必须着眼最坏处，决不能由于自己的工作不力，损害到大多数人的利益。只有做好这个准备，我们才能自信地去争取最好的结果。因此，凡事从坏处准备是努力争取最好结果的前提，从坏处准备就是要避免坏的

结果的发生,确保坏的结果不发生,我们才能在客观上有争取最好结果的可能,并且在争取最好结果的过程中,我们也会更加自信,更加从容。

(一)预则立

凡事预则立,不预则废。通俗地讲,就是去做某件事,我们要提前准备,谋划周全,以做到有备而战,这样才会成功,而缺乏这种准备,往往会一败涂地。正如古诗有云:"宜未雨而绸缪,毋临渴而掘井。"词意虽浅,但道理深刻,时刻告诫我们,作为社会主义建设者,应以长远、全面的视角看待事物的发展,时刻以审慎态度防患于未然、早为之所、有备无患。也就是说,只有在有准备的情况下,才能有充分的余地去避免坏的结果,才能真正地践行底线思维。

毛泽东同志讲:"不打无准备之仗,不打无把握之仗,每战都应力求有准备,力求在敌我条件对比上有胜利之把握。"[①] 同样,我们做任何工作都要进行充分的准备,对各种情况都要有大致的了解,才能在遇到事情时不慌不躁,心中有数地完成任务。没有准备的行动,只能是被各种不确定性因素裹挟到无序状态中,

---

[①] 《毛泽东选集》第四卷,人民出版社1991年版,第1233页。

最终一定是自己手忙脚乱、面临失败的局面，所以做好准备工作就是在避免出现最坏的情况。因此，凡事都要有准备，有准备不仅可以有效避免得到最坏的结果，还能让我们有条件去努力争取最好的结果。

但是准备工作不局限于某一项具体任务，作为党员干部，我们始终要努力提高自身本领，认真学习党的理论路线和方针政策，"打铁还需自身硬"，努力练就自身本领同样是在做准备。习近平总书记在指导军队工作时指出："军队是要准备打仗的，军委必须懂打仗、善谋略、会指挥，军委工作一开始就要把备战打仗的指挥棒立起来。"① "军队是要准备打仗的"②，而广大党员干部是要准备处理各种党务政务的。为了各自的职责，我们也应当努力提高自己的政治觉悟，不断提升自己的政治素养，努力锻炼自己的政治本领，这同样是在为将来的工作做准备。当个人练就了一身本领，无论是对于"黑天鹅"事件，还是"灰犀牛"事件，我们都能做到临危不乱，沉着机智。所以，做好了充分的准备，对各种不确定性因素作出了充分的估计，才能更好地杜绝"黑天鹅"事件，才能在工作

---

① 《强化备战打仗的鲜明导向　全面提高新时代打赢能力》，《人民日报》2017年11月4日。
② 《强化备战打仗的鲜明导向　全面提高新时代打赢能力》，《人民日报》2017年11月4日。

当中及时发现"黑犀牛"事件,从而化解甚至避免各种大小概率风险事件的发生。

(二)凡事从坏处准备

凡事从坏处准备是争取最好结果的必备条件。无论是个人,还是集体,在进行日常工作时总是会遇到来自客观环境的不确定性因素,所以做好对坏的情况的准备就是一个非常必要的环节。从坏处准备是为了争取更好地完成任务,只有做好了最坏的准备,才能将风险降至最低,从源头上杜绝"黑天鹅"事件的发生。在避免了坏的情况发生的前提下,我们在执行工作中才可以是从容不迫的,才有充分的空间去发现隐藏在人们习以为常的事件中的"灰犀牛",对一系列风险信号进行冷静的分析,因此凡事从坏处准备是一种防止工作过程中出现不利趋势的有效方法。

这里我们不妨引入一则成语典故。"焦头烂额"这一成语出自《汉书·霍光传》。据说,有户人家家里灶上装的烟囱是直的,灶旁还堆了一堆柴火。有人劝这家主人把烟囱修整得弯曲一些,把容易失火的柴火挪开,但主人听了却不以为意。后来这户人家果然家中失火,经过邻居们的帮忙,总算扑灭大火。然而,尽管遭受了巨大损失,主人还是杀牛设宴以感谢邻里。

为了感谢那些出力最多的人，主人将救火中烧得焦头烂额的人奉为上宾，却没人理睬曾经劝这家主人早作防范的人。有人在席间想起这件事，便对主人说，记得有人早就劝您应当有所防范，如果您当初听了他的话，也不至于会失火。论功劳，那个劝您早作防范的人功劳最大，而您只将那些救火中被烧得焦头烂额的人奉为上宾，反而冷落那个劝您早作防范的人，这未免有所不公，正所谓"曲突徙薪忘恩泽，焦头烂额为上客"。从这则成语典故来看，防火防灾就是一种从坏处做准备的工作，一旦发生火灾，财产损失是不可避免的，严重的还会威胁人身安全。假使主人能够做到从坏处准备，做到"曲突徙薪"，家中也就不会失火，发生失火白白损失财产不说，还要麻烦邻里来帮助灭火，给自身造成了损失，也耗费大量的人力、物力。

"明者防祸于未萌，智者图患于将来。"在祸患还没萌生的时候就要做好防范，即便它不是现在的心腹大患，也要提前做好准备。从坏处准备是要争取不让坏的情况出现，而不是侧重于如何去处理坏的情况。坏的情况出现了，即便有处理预案，也只是亡羊补牢，终究还是会对社会造成不良影响。以焦头烂额的典故为例，即便有邻里帮助灭了火灾，但是这场火灾终究还是造成了财产损失，甚至火灾对邻居也造成了威胁。

所以，从坏处准备的目的是要避免坏的情况发生，是"防祸于未萌，图患于将来"，是思考将来的祸患是否有可能发生，以及如何避免这种祸患发生，而不是如何处理这种祸患。避免了祸患的发生，对社会的损失危害也就降到了零，而祸患发生了，损失危害也就产生了，无论是否有准备处理，也终究只是止损行为。尽管亡羊补牢，犹未晚矣，但如果早就补好羊圈，又何至于白白损失财产呢。因此，凡事从坏处准备，是为了做好准备工作以避免坏的情况发生，而不是为了如何处理坏的情况做准备。当然，只要我们做好了准备工作，即便坏的情况发生，我们也可以做到快速止损，以将其对社会造成的不良影响降到最低。所以，无论从任何角度来看，凡事从坏处做准备都是百利无一弊的。

（三）努力争取最好的结果

在对最坏的情况做好防范之后，我们就有充分的余地去争取最好的结果。有了这个前提，我们才能在工作中做到"不畏浮云遮望眼""乱云飞渡仍从容"，才能无后顾之忧地、胸有成竹地去争取最好的结果。所以，防范最坏与争取最好之间是一种相辅相成、并行不悖的工作方法。以亡羊补牢为例，假使牧羊人及时修补羊圈，那么他不必在丢失羊后后悔没听邻居的话了，更不必有什么补救措施，而是从容地从事牧羊工作，将精力放在如何把羊放得更好的问题上。准备工作提前部署，就可以避免很多不利情况的发生，既然没有不利情况的发生，那么当然就有精力放在其他细节上，以将工作做到最好。所以，没有后顾之忧是争取最好结果的基础，没有这个基础，就缺乏得到最好结果的必要条件。

而争取最好结果是我们工作中的最终目的，也就是说底线思维为的是更好地追求最好结果，而不仅仅是避免最坏结果。避免最坏结果只是避免满盘皆输，因为只要得到了最坏的结果，我们在工作中所付出的所有努力都可能要前功尽弃。所以，底线思维的真正意义在于如何争取最好的结果，它在本质上是指导我们如何争取最好结果的方法。而所谓最好结果，就是指我们首先要确定一个目标，目标的确立必然要以集体的利益、社会的利益甚至人类的利益作为衡量标准，对集体、社会或人类有益的当然就是好的结果，有害的自然就是坏的结果，而最好结果指的就是在所有结果中，对集体、社会或人类益处最大的那一个。有了这个判断准绳，我们就能更好地确立目标，就有了明确的工作方向。有了这个方向，加之策略上的谋划，就能更好地运用底线思维，做好手中的工作。

因此，从坏处做准备是为了杜绝"黑天鹅""灰犀牛"事件的发生，而不是当这些事件发生以后再应对。当这些事件发生以后，要耗费巨大的人力、物力去处理，个人以及集体的工作精力都将放在如何止损的问题上，又何谈争取最好的结果。所以，凡事往坏处准备是为了避免风险事件的发生，在这个基础上，我们才能去努力争取最好的结果，争取最好的结果不仅是个人价值的体现，更是利国利民的高尚追求。

四、增强忧患意识，着力防范化解重大风险

新中国成立以来，中国共产党带领全国各族人民群众不懈奋斗，团结向前，取得了举世瞩目的伟大成就。从新中国成立之初的一穷二白到如今的世界第二大经济体，我国国内生产总值从1952年的679.1亿元跃升至2020年的101.6万亿元，人均国内生产总值从119元增加到7.2万元，实现了从低收入国家到中高收入国家的历史性跨越，完成了从落后的农业国到世界第一大工业国的巨大跨越。[①] 然而，在取得这些

---

① 参见国家发展改革委政策研究室：《新中国经济社会建设的伟大成就与深刻启示》，《人民日报》2021年9月29日。

骄傲成绩的时候，我们也应当保持警惕，对当下存在的风险予以足够的重视。正所谓"安而不忘危，存而不忘亡，治而不忘乱"，不忘危是为了安，不忘亡是为了存，不忘乱是为了治，因此常怀忧患意识，常怀底线思维，对当下社会中存在的各种风险进行深入分析，冷静思考，力求防范化解，才能杜绝各种"黑天鹅""灰犀牛"事件的发生。

（一）长治久安之关键

"生于忧患，死于安乐。"一个没有忧患意识、没有底线思维的民族是难以久存于世界的。中华民族正是一个具有忧患意识、拥有底线思维的民族。古往今来，中华民族关于忧患意识的名言不绝于耳，《战国策·楚策四》有言，"于安思危，危则虑安"；欧阳修在《伶官传序》中也说道，"忧劳可以兴国，逸豫可以亡身"；范仲淹更是在《岳阳楼记》中留下了千古名句，"居庙堂之高，则忧其民；处江湖之远，则忧其君。是进亦忧，退亦忧。然则何时而乐耶？其必曰：先天下之忧而忧，后天下之乐而乐"！然而，也正如杜牧在《阿房宫赋》中所说，"秦人不暇自哀，而后人哀之；后人哀之而不鉴之，亦使后人而复哀后人也"。如果我们不继承古人的忧患意识，如果我们不努力培养

第五章 防范各种"黑天鹅""灰犀牛"

底线思维,那么无数革命先烈曾为之艰苦奋斗乃至流血牺牲的共产主义事业就有可能中断,百年来党和人民筚路蓝缕、披荆斩棘所取得的社会主义建设成就就有可能付之东流。因此,为了党的事业,为了人民群众免受苦难,我们应该增强忧患意识,增强底线思维,为社会主义事业不懈奋斗。

增强忧患意识,增强底线思维,本质上就是要对尚未出现的"黑天鹅""灰犀牛"予以警惕。无论"黑天鹅""灰犀牛"在发生概率上有何种区别,其发生的最后结果都是对国家、社会造成巨大危害。所以说,忧患意识的对象、底线思维的应用就是这些小概率的意外风险以及大概率发生的内在危机。因此,我们应该增强忧患意识,增强底线思维,提高对身边存在的"黑天鹅""灰犀牛"事件的警惕,获得化险为夷、转危为安的战略主动权。没有任何一个国家或民族的崛起是一帆风顺的,发展道路上总是会遇到障碍坎坷,所以心怀忧患意识、心怀底线思维对集体、社会予以足够的关注,是国家长治久安的关键所在。同时,我们也应该看到,忧患意识与底线思维对于个人能力的提高同样是非常重要的,即所谓的"忧患激发天才"。无数仁人志士正是在忧患意识的激发下,成为国家和民族的骄傲。古人是如此,今人也是如此。正是在中华民族生死存亡的危急关头，才激发出无数救亡图存的革命英雄，才孕育出无数苦心求索的能人贤才。因此，增强忧患意识、增强底线思维既能激发自己练就一身本领，又是防范化解各种风险的关键起点。

（二）实干兴邦之抓手

"空谈误国，实干兴邦"，没有行动，忧患意识就只能停留在原地。正如陶行知所说"行动是老子，知识是儿子，创造是孙子"，没有行动，就不能获得解决问题的知识，就不可能产生利国利民的伟大创造。因此，有了忧患意识，增强了底线思维，发现了身边隐藏的风险性事件，就要付诸行动。只有付诸行动，才能为国家社会作出实实在在的贡献，才能实现个人价值。

以申纪兰同志的事迹为例。申纪兰是唯一一位连任十三届的全国人大代表，是"共和国勋章""全国劳动模范""全国优秀共产党员"的获得者。在申纪兰20多岁的时候，她带领村里的25位妇女一起走出去，和男人一样劳动，在那之前，因为说妇女没技术，所以男人和女人挣的工分并不一样。于是在申纪兰的倡议下，男人和女人之间进行了一场比赛，"我们没输，妇女干完了技术也不低，也没落到男人后面"，比赛的

第五章 防范各种"黑天鹅""灰犀牛"

结果令男人心服口服。① 可以说,申纪兰是先有了对女性权益的一种忧患意识才发现在劳动权利上男女不平等的问题。面对问题,她并不是只在那里抱怨,而是付诸行动,找到解决问题的办法,通过一场比赛,让男人们认可了女人的劳动价值。在这样的前提下,才有了西沟村的"男女同工同酬",进而才有了写进宪法的属于全国人民的"男女同工同酬"。

日常工作中也同样会存在一些不合理的问题,这些问题有些会变成"黑天鹅",有些会变成"灰犀牛",从某种意义上讲,问题的大小是决定其最后演化成"黑天鹅"还是"灰犀牛"的关键。小问题由于不受重视,所以其表现出的危险信号也就不明显,人们在主观上认为这是不可能发生的,但是一旦遇到不确定性因素,小问题就会演化成为社会危害的"黑天鹅"事件;而大问题产生的危险信号是明显的,并且无论是否遇到不确定性因素,总是会演化成"灰犀牛"事件,只是由于信号明显,能够引起充分重视,所以在及时调整政策或方法的情况下,存在使其不发生的概率空间,所以,没有相应的政策或方法的调整,"灰犀牛"事件一定会发生,甚至在不确定性因素的影响下,

---

① 《申纪兰:要不是男女平等 我家里代表都当不上》,2017 年 3 月 9 日,china.cnr.cn/yaowen/20170309/t20170309_523645799.shtml。

还有可能提前发生。由于无论问题大小，只要在客观上是不合理的，它们最后都会产生对社会的巨大危害，所以我们都应该予以充分重视。因此，我们必须根据当下社会的实际需要，分析问题，判断问题，既抓住大问题，也不放过小问题。

抓住了问题的本质，就要解决问题，防范化解风险事件本质就是善于运用底线思维去解决问题，就是将忧患意识付诸实际行动。没有行动，空有底线思维、忧患意识，只是庸人自扰。"刀在石上磨，人在事上练"，人的成长就是通过做一件件的事情锻炼出来的。正如哲学家大卫·休谟所言"我们的观念超不出我们的经验"，所以，所谓境界、格局、能力的真正提升，关键在于经验的获得，这就必然要求我们要将底线思维付诸实际行动。因此，底线思维只是个人动力，防范化解各种重大风险事件才是真正产生实际价值的行动。但是，行动需要思考，思考是行动的一部分，没有思考的行动只是蛮干。而思考需要材料，我们不能只是面对各种风险问题空想，要结合实际，"没有调查，就没有发言权"，多看多问多想对于重大风险的化解大有裨益。与此同时，还要注意与同志之间相互沟通，"一个人的智慧不够用，两个人的智慧用不完"，"三个臭皮匠，顶个诸葛亮"，充分发挥集体的优势，可以为防范化解重大风险增加更多胜算。

综上，底线思维既是对当下安稳现状的超越，是一种身处现在、图谋将来的"远虑"，也是防范化解重大风险的起点。底线思维与防范化解重大风险是紧密结合在一起的，因为底线思维的本质恰恰是对当下存在的不合理问题的重视，而这正是防范化解重大风险的开端。没有这个开端，防范化解重大风险的这个行动就无从谈起。因此，为了国家、社会的长治久安，我们必须增强底线思维，将防范化解重大风险付诸行动，并在防范化解重大风险中，提高自身认识，充分分析各种因素，贯彻群众路线，发挥集体智慧的优势，坚决杜绝各种"黑天鹅""灰犀牛"事件的发生。

第六章　坚持底线思维做到未雨绸缪

我国发展面临新的战略机遇、新的战略任务、新的战略阶段、新的战略要求、新的战略环境，需要应对的风险和挑战、需要解决的矛盾和问题比以往更加错综复杂。全党必须增强忧患意识，坚持底线思维，坚定斗争意志，增强斗争本领，以正确的战略策略应变局、育新机、开新局，依靠顽强斗争打开事业发展新天地，最根本的是要把我们自己的事情做好。

——习近平总书记在省部级主要领导干部"学习习近平总书记重要讲话精神，迎接党的二十大"专题研讨班上的讲话

习近平总书记关于"底线思维"的论述内涵丰富多样，并且为广大党员干部和人民群众坚持底线思维的道路指明了方向。坚持底线思维就是要增强忧患意识，做到未雨绸缪，预估事物发展的最坏结果，争取最大期望值。底线思维在事物发展过程中的表现，或

第六章　坚持底线思维做到未雨绸缪

者在主体解决问题实践中的步骤,万变不离其宗的有如下四点。

首先,科学研判风险,做到见微知著。在着手工作之前,尽量全面地估计事物发展过程中会遇到的坎坷,尽量纵深地挖掘事物表象所可能掩藏的潜在威胁,尽量细致地考察事物周围有所关联的好的或坏的变动因素,争取在起始阶段就估计到所有情况。

其次,确立全局观念,学会统筹兼顾。既不能割裂地看待事物本身与其所处的系统,也不能孤立地处置事物关键部分与其较为边缘的部分,全局观念就是要注重联系,打开格局,这是实现整体发展获得最好结果的必要条件,而统筹兼顾则要求抓住事物的主要矛盾和矛盾的主要方面,同时不能忽略事物的次要矛盾和矛盾的次要方面,否则一定会影响事物的发展状况,甚至攸关生死。

再次,做好应对预案,力求有备无患。当预期到的或者未预期到的风险在工作推进中出现时,科学的战略政策和完备的规章制度左右了事物未来的走向,甚至能够决定底线是否得以保存、目标是否落空,这是事物在险境之中转危为安的关键环节,是主体理论准备和实践能力的集中体现。事前细致防御预案和事发从容理性应对是问题解决成功的要领。

最后，增强斗争本领，永葆斗争精神。斗争是底线思维的重要承载与必要保障，离开斗争精神无疑将会丧失生存底线，缺乏斗争本领则会在困难面前节节败退，斗争在底线思维的运用中一以贯之，我们应该时刻保持斗争精神，不断增强斗争本领，将斗争贯彻到底，尤其是在事物发展进入尾声之时，在工作内容即将结束之时，用斗争捍卫底线进而争取最大程度、最高限度的成功。

一、科学研判风险，做到见微知著

人类社会本质上是一个充满非线性与不确定性、脆弱性与风险性的复杂社会。自20世纪80年代以来，随着人类社会全球化、现代化进程的加快，科技创新的持续推动，国际政治的深刻变化，人类社会发生了深刻的系统性结构转型，进入一个高度不确定和高度复杂的"全球风险社会"时代。人口爆炸、环境污染、资源短缺、金融危机、政治问题、恐怖主义、核安全、网络安全、粮食安全、疫情防控等重大问题困扰全球，各种难以预测、不同寻常的"黑天鹅"事件不断涌现，还有"灰犀牛"事件的持续困扰，全球经济、制度、环境、社会、技术和地缘政治等领域的风险显著增强，

第六章　坚持底线思维做到未雨绸缪

风险规避与风险盈利成为推动社会发展的重要力量，全球治理开始转变为全球风险社会治理。对于中国而言，目前正处在全面社会转型时期，不同生产力水平下的社会结构特征及其问题在相应的社会层面同时存在，现代化进程及社会转型中累积的系统性风险频繁地以社会冲突的形式表现出来，中国社会进入风险频发阶段。总览各种风险挑战，可以大致总结出以下三个特征，即复杂性、偶然性和严峻性。

从复杂性看，正如习近平总书记指出的，对政治、文化、经济、科技、社会、外部环境、党的建设等领域存在的重大风险都必须保持高度警惕。[①] 而且更为关键的是，各种问题总是处于交织状态，你中有我、我中有你，单个问题的解决往往离不开相关其他问题的破除。就像一辆车子在路上的顺利前进，其不单是依赖发动机的良好运行，也不单是凭借方向盘的左右旋转，而是所有零部件的协力合作。另外，车子成功驶向目的地，其既需要车下客观道路的正确，也需要车内主体即司机的正常操作。所以，复杂性关乎整体性的问题与分殊性的问题，还关乎客观性的问题与主观性的问题，不幸的是在现实情况中，各种类型的问题

[①] 参见《提高防控能力着力防范化解重大风险　保持经济持续健康发展社会大局稳定》，《人民日报》2019年1月22日。

往往一起出现，混杂难分。

　　从偶然性看，身处波谲云诡的国际形势、复杂敏感的周边环境，面对艰巨繁重的发展任务，既要高度警惕"黑天鹅"事件，也要防范"灰犀牛"事件。我们应该清楚，规律不能等同命运，规律的一般性并不能够应对所有事物发展过程中或大或小的偶然问题，相比预期之内的较大的困难，我们可能更害怕预期之外的、较小的坎坷，正如飞机在天空飞行时，相比航线上有时出现的乌云风暴，它可能更害怕不知何时穿梭而来的群鸟。底线思维告诫我们，必然遭遇的耸立高峰需要勇于直面，而面对偶然出现的冰山一角也不能束手就擒。无论巨细，都要提前做好准备。

　　从严峻性看，一旦防范化解重大风险不力，其引发的许多后果将是我们难以承受的。底线之所以是底线，就在于不被允许轻易突破，就在于其逾越之后必将付出惨重的代价。达不到最好的结果尚可容忍，就像尽管冬天和夏天之间有所差距，但总归使得万物得以生存，而一旦突破底线就意味着一切努力付诸东流，一切成果毁于一旦，留给人民的只能是痛苦和不幸。因此，必须要强化风险意识，不留丝毫隐患，科学地预见形势的发展走势和隐藏其中的风险挑战，做到未雨绸缪。

第六章　坚持底线思维做到未雨绸缪

（一）学习历史理论，提高预判能力

见微知著，不是未卜先知，更不是诉诸好运，它需要高度的智慧与深刻的洞察。高度的智慧与深刻的洞察，往往来自长年累月、认真刻苦的学习活动。智慧来自知识的积累，尤其是对历史经验的总结。常言道，历史是现实的一面镜子，许多看似令人头疼的问题，一旦被置于历史的经纬度上，就会立刻变得清晰，我们对复杂现实的研判也立刻有了重要的参照。洞察来自理论指引下的思考与探究，理论蕴含着精妙绝伦的逻辑演绎和极富启发的珍贵内容，能够让人们的思维犹如火炉上的铁器一样被锻造、锤炼，从而熠熠闪光。因此，加强历史学习和理论思考，是领导干部提高预判能力、应对复杂局势的不二法门。

面对风险的复杂性，要了解到有客观复杂性和主观复杂性之分。由于风险的客观复杂性，其可能出现的情况是多种多样的。而风险的主观复杂性是由于人类的认知水平限制了人类不能认知事物的本质，或者是认识论和工具的不同而造成对事物有不同的认知结果。这就要求我们必须以"底线思维"的方法来审视我们的行动。习近平总书记非常重视底线思维，要求

"凡事从坏处准备，努力争取最好的结果"①。一切以人民群众的根本利益为出发点和落脚点，考虑到最坏的情况，做好最周全的准备，从心理预防和策略应对上打好"阻击战"，尤其是要见微知著、一叶知秋，科学预判重大风险的点位、形式和趋势发展。在这个意义上，风险的客观复杂性是作为结果出现的，而风险的主观复杂性则会导致客观复杂性的一系列反应。

理论是行动的先导，中国共产党要完成"两个一百年"奋斗目标必须始终坚持科学理论的指导。底线思维是马克思主义世界观方法论的创新和发展，是唯物辩证法在新时代伟大实践中的深刻体现。我们要坚持学马克思主义哲学以致用，坚持学懂弄通做实新时代新思想，坚持科学思维方法，提高运用底线思维的能力。

首先，提高预判能力就要求各级党员干部在历史学习中提高对现实风险的重视。以小见大，是从事情的苗头开始，就能清晰预判其实质，了解其发展趋势，从而确立自己的战略目标，以保证立于不败之地。通过提高对风险的预判能力，不仅提高了对事物的认知水平，对事物的发展有了更深刻的见解，也更加了解

---

① 中共中央宣传部编：《习近平总书记系列重要讲话读本》（2016年版），人民出版社2016年版，第288页。

第六章　坚持底线思维做到未雨绸缪

了事物的底线是什么。事物的"底线"既可以是对于客观事物发展所设立的最低预期值，也可以是矛盾双方在博弈过程中退无可退的"红线"，还可以是主体认为自身在进行社会历史创造过程中必须坚持的原则。它并不是一成不变的一个量值，针对不同的情况，底线的原则是跟着改变的。我们要用发展的眼光来看待问题。不能故步自封，不知变通。要从以往的经验中获取知识，从历史中得到经验。"遭一蹶者得一便，经一事者长一智"，历史的过往给我们以教诲。智者，是以别人惨痛的教训警示自己；愚者，则用自己沉重的代价唤醒别人。只要我们各级党员干部在面对问题、需要提出对策的时候，将自己放在历史长河的对应坐标系中，就可以很好地预见到问题的发展走向。由此，才能把握问题的"底线"，心中有一杆秤，权衡人民和矛盾的对立，要保证广大人民群众的最根本利益的底线不动摇。

其次，提高预判能力就要求各级党员干部在将问题置于历史坐标系的同时，也要反思学习。提高预判能力不是生搬硬套，照猫画虎。"世界上没有完全相同的两片叶子"，我们所面临的问题也是一样。有的问题方式一样但是本质不一样，而有的问题则是本质一样方式不一样。面对同一个问题，不同的人有不同的解决方法，造成这个的原因可能是决策者的个人意愿，也可能是决策环境不一致的影响。提高预判能力需要的不只是一个萝卜一个坑的对应式解决方法，更需要广大党员干部和人民群众在解决问题的同时，可以举一反三。发挥主观能动性，在经验中从客观实际出发、把握事物的发展阶段、透视发展规律的基础上，对排除千难万险以保持事物本性不懈追求。

最后，坚持底线思维，提高预判能力，从历史理论中汲取优秀经验。要"图之于未萌，虑之于未有"，要在风险初现端倪的时候就预测风险未来的走势，提出应对措施和防范策略。中国共产党在艰苦卓绝的奋斗历程中产生了很多优秀的理论智慧。理论与实际相结合，将中国的实际国情和马克思主义唯物辩证法相结合。各级党员干部和群众要在学习历史、学习党史理论中不断提高自己的预判能力，不打无准备的仗。面对复杂性风险，对症下药，坚持底线不动摇，力争得到最好的结果。

（二）立足本职工作，锻炼忠诚担当

见微知著，对于领导干部来说，是对党和事业的忠诚与定力，是其信念与勇气的源泉。要求我们要有"择一事，终一生"的情怀，更要有"一次把事情做

第六章　坚持底线思维做到未雨绸缪

对"的态度,这些体现了对党和事业的忠诚与担当。只有绝对的忠诚,才会有难移的定力,也就是"每临大事有静气""乱云飞渡仍从容"。苏洵的《辨奸论》指出:"惟天下之静者,乃能见微而知著。"只有理性和冷静才能真正见微知著。这的确是至理名言,喧嚣、急躁和冒进,是无法做到见微知著的,只有冷静和理性地对待各种问题和矛盾,才可能产生精准的判断和有效的行动。敢于担当、勇于作为、对党忠诚、尽心尽力,是干好一切本职工作的前提,是临危不惧、镇定自若的保障。忠诚是党员干部不可缺少的政治灵魂。担当即责任,敢于担当就是做工作做事情首先要有责任心,以人民群众为主,以国家的利益为主。

首先,中国共产党根基在人民、血脉在人民、力量在人民。中国共产党始终代表最广大人民根本利益,与人民休戚与共、生死相依,没有任何自己特殊的利益,从来不代表任何利益集团、任何权势团体、任何特权阶层的利益。我们党作为一个整体,由党员个体组成。各级党员要立足于本职工作,对党忠诚,要一心一意,一以贯之,必须表里如一,知行合一,任何时候任何情况都不改其心,不移其志,不毁其节。忠诚是共产党人必须具备的优秀品格,是每个党员入党宣誓时的庄严承诺,是无数先烈以鲜血和生命铸就的忠诚，换来了今天的幸福生活和发展条件。敢于担当、勇于作为是我们鲜明的政治品格。担当体现了共产党人的先进性、纯洁性和奋斗精神。在新的历史条件下，担当精神又被赋予了更加丰富的时代内涵。

强化底线思维，做忠诚干部。底线思维启示我们要坚决维护习近平总书记党中央的核心、全党的核心地位，坚决维护党中央权威和集中统一领导。关于原则性问题不能有半分折扣，半点让步，半点余地，要做到真正地相信、遵循、支持。牢固树立"四个意识"自觉在思想上、政治上、行动上同党中央保持高度一致，才能使我们党更加团结统一、更加坚强有力，始终成为中国特色社会主义事业的坚强领导核心，对于保证党和国家的兴旺发达、长治久安，具有十分重大的意义。党员干部还要严守党的政治纪律和政治规矩，坚决维护党中央权威和集中统一领导。要学习"忠诚印寸心"的蔡和森、"砍头不要紧，只要主义真"的夏明翰，还要学习腹中满是草根、气节依旧不改的杨靖宇。我们的党员干部要做到心里有党，把党作为国家与人民的主心骨。党的全面领导是国家抗击风险挑战和重大危机的主心骨。在革命战争年代，在社会主义建设时期，在改革开放时期，正是因为坚持党的集中统一领导，我们才跨越了一座座"雪山"，征服了一个

第六章 坚持底线思维做到未雨绸缪

个"娄山关""腊子口",才能战胜许多的困难、危机和挑战。正是有了党的全面领导,我们就能够战胜面临的重大挑战和重大危机,相反,没有党的全面领导,国家安全就没有保障,民族复兴伟业就有可能被中断。以对党和人民的赤诚之心,立足本职工作,见微知著。"勿以善小而不为",从小事就践行和牢记,坚持党的领导这条底线不动摇。

其次,强化底线思维,做担当干部。敢于担责、勇于作为是共产党人的政治责任。保持"平常心",甘做老黄牛。在工作中要脚踏实地,一步一个脚印,"不积跬步,无以至千里;不积小流,无以成江海"。各级领导要关注岗位上的任何一件小事,培养做事一丝不苟的品德,全心全意,尽职尽责;保持"敬畏心",甘做孺子牛。扎根于自己的领域,俯下身子做事,永远心怀敬畏,人民群众无小事。保持合理安排工作时间,并严格遵守执行。明确自己的工作任务及目标,然后根据工作任务的轻重缓急进行优先级排序,重要的事情提前做,避免被无关紧要的事情拖延,从而提升自己的工作效率,更好地为人民服务;保持"热忱心",甘做拓荒牛。"靡不有初,鲜克有终",不忘为人民服务的初心,牢记为人民服务的使命,方得人民幸福社会和谐的始终。从基层的一件件小事做起,摈弃内心的杂念，加强对心智的磨炼，以积极向上的心态投入到更广大的为人民服务中去，在那里提升自己。习近平总书记指出："坚持实事求是、冷静客观是真正的自信，对最坏的情景一旦心中有数，就能迎难而上、化危为机，天塌不下来。"① 党员干部要在实际工作中提高政治警惕，敢于自查自纠，对于自身触犯底线的行为勇于承认错误、及时改正；积极作为，增强干事创业的精气神，不因为害怕触犯底线而缩手缩脚，只要有利于经济健康持续发展的事情就积极去做，只要有利于社会和谐稳定的事情就积极去做，只要有利于增进人民福祉的事情就积极去做。党员干部要争做焦裕禄式的好干部，应当像"零落成泥碾作尘，只有香如故"的梅花一样，矢志成为人民的公仆，紧紧依靠人民，发挥人民创新精神，推进伟大事业。

最后，面对风险的不确定性要立足本职工作，锻炼忠诚和担当的定力。以自身的确定性去应对不确定性，在问题上坚守原则和底线，坚定不移沿着我们选择的中国特色社会主义道路前进，提高驾驭复杂局面的本领；坚定不移贯彻落实党中央的决策部署，不能为了眼前利益因小失大，随波逐流。要保持政策上的

---

① 中共中央党史和文献研究院编：《十八大以来重要文献选编》（下），中央文献出版社2018年版，第519页。

稳定性、连续性，不能朝令夕改，要坚持"一张蓝图绘到底"。自觉对标对表，在行动中向党中央看齐，形成全国一盘棋的良好局面。要坚持统筹兼顾全局问题和局部问题、当前问题和长远问题、内部问题和外部问题，透过现象看本质，见微知著，做到心中有大局，合理选择，明辨利害。在实际工作中站稳立场、把稳方向，做好在磨难中奋起的思想准备，以求在各种复杂局面和风险面前保持定力。

（三）强化风险意识，做到未雨绸缪

见微知著，更需要强化对风险的预见。我们所处的世界是机遇和风险并存的时代，瞬息万变的环境带来了高发展的机会，同时也会导致高风险的代价。实现中华民族的伟大复兴不允许我们再犯过去的重大失误，加强风险的意识就显得尤为必要。面对风险的严峻性，领导干部要有"草摇叶响知鹿过，松风一起知虎来"的见微知著能力，"对潜在的风险有科学预判，知道风险在哪里，表现形式是什么，发展趋势会怎样，该斗争的就要斗争"。① 不能小看每一个潜在风险，要有"千里之堤，溃于蚁穴"的认识准备。强化风险意

---

① 《习近平谈治国理政》第三卷，外文出版社2020年版，第226—227页。

识，做到未雨绸缪，在面对随时来临的严峻风险时才可以从容应对。

习近平总书记在主持中央政治局常委会会议时指出："面对严峻复杂的国际疫情和世界经济形势，我们要坚持底线思维，做好较长时间应对外部环境变化的思想准备和工作准备。"① 面对国际疫情蔓延及其所带来的不确定因素，我们必须保持清醒头脑，增强风险意识，强化底线思维，做到未雨绸缪，确保实现建成社会主义现代化强国、中华民族伟大复兴的目标任务。

第一是要牢牢掌握风险防控的主动权。做到未雨绸缪，看在前、防在前，是风险治理规律的一般要求。其实质是，在风险积聚、爆发之前，就要及时发现并防范到位，确保把风险消灭在萌芽状态，化风险于无形。不能小看每一次风险。在风险治理中，尤其要积极主动，发挥主观能动性，避免被动，造成不可挽回的损失。坚持底线思维，通过未雨绸缪来保证我们可以牢牢掌握风险防控的主动权，保证我们可以赢得风险治理的取胜优势和必胜信心。首先，对风险要早判先知，心中有数。就是表现为优秀的风险预见能力，善于从鱼龙混杂的情况中敏锐察觉到风险的苗头，发

---

① 《分析国内外新冠肺炎疫情防控和经济运行形势　研究部署落实常态化疫情防控举措全面推进复工复产工作》，《人民日报》2020年4月9日。

现风险的草蛇灰线和初始状态，精确把握风险的特点、形式、状态，迅速锁定风险。这是风险防控的一个大前提。其次，对风险要先防早治，防患未然。表现为优良的风险预防力，要做到预防前移，抓早抓小，以防未然，杜渐防微。要求各级领导干部积极主动，思患预防。习近平总书记强调过，"力争不出现重大风险或在出现重大风险时扛得住、过得去"①。最后，要对风险一直保持警觉，不给风险成长的时间和空间。习近平总书记曾明确告诫："如果发生重大风险又扛不住，国家安全就可能面临重大威胁，全面建成小康社会进程就可能被迫中断。"② 对风险绝不能麻痹大意、疏于防范，而必须增强忧患意识，绷紧感知风险的神经，强化防风险的行动。

第二是科学预测和把握各种风险态势。以往的经验告诉我们，但凡每一次智慧而卓绝地处理风险都需要在平时狠下功夫。需要提前扎牢篱笆、织密网络、完善预防制度、优化处理机制等，做到未雨绸缪，把防范化解重大风险工作做实做细做好。通过前人的经验，归纳总结风险的本质特点和规律机理，并牢牢掌

---

① 中共中央党史和文献研究院编：《十八大以来重要文献选编》（中），中央文献出版社 2016 年版，第 833 页。
② 习近平：《在党的十八届五中全会第二次全体会议上的讲话》（节选），《求是》2016 年第 1 期。

握，把认识和组织的工作做细做好做实。习近平总书记在讲话中明确指出："要提高风险化解能力，透过复杂现象把握本质，抓住要害、找准原因，果断决策，善于引导群众、组织群众，善于整合各方力量、科学排兵布阵，有效予以处理。"[①] 具体做法就是要科学地认识和把握种种风险，知己知彼；还要对症下药，推陈出新，新的环境会有新的风险，革新以往的方法手段，不断提高对于综合性风险的防控能力；最后还要开展经常性、针对性的风险排查和评估，查清和去除潜在的风险。科学预测风险发展态势，评估风险的危害、预测风险可能持续的时间，预测各区域内各行业抵抗风险的承受力，预测风险对地区、群众和国家等造成的次生灾害，采取积极的措施降低风险损失。做好风险防控的思想准备、物资准备等。习近平总书记明确提出："要完善风险防控机制，建立健全风险研判机制、决策风险评估机制、风险防控协同机制、风险防控责任机制，主动加强协调配合，坚持一级抓一级、层层抓落实。"[②] 具体做法就是防止做表面文章，随意糊弄。要加强科学、灵敏、高效应对风险的预警体系

---

① 《提高防控能力着力防范化解重大风险 保持经济持续健康发展社会大局稳定》，《人民日报》2019年1月22日。
② 《提高防控能力着力防范化解重大风险 保持经济持续健康发展社会大局稳定》，《人民日报》2019年1月22日。

第六章 坚持底线思维做到未雨绸缪

建设,全面做好防范化解重大风险的基础性系统准备,构筑全面周密、运行顺畅、完善可靠、安全适用的风险防控体系,真正做到筑牢堤坝、严阵以待、有备无患。

第三是在个人思想和能力上做好准备。事在人为,关键在于各级领导干部要未雨绸缪,时刻做好应对风险的思想和能力准备。习近平总书记的重要讲话从战略和全局高度,对各级党委、政府和领导干部负起防范化解重大风险的政治责任提出了明确要求。各级党委、政府和领导干部要认真深入学习习近平总书记重要讲话精神,紧密联系外部环境深刻变化和国内改革发展稳定面临的新情况新问题新挑战,提高政治站位,强化政治意识,充分认识防范化解重大风险的重要性和紧迫性,坚定信心,敢于担当,负起责任,切实做好防范化解重大风险各项工作,保持经济持续健康发展和社会大局稳定,为全面建设社会主义现代化国家、实现中华民族伟大复兴提供坚强保障。各级干部要加强理论修养,深刻地学习马克思主义基本理论,学懂弄通做实习近平新时代中国特色社会主义思想,掌握贯穿其中的辩证唯物主义的世界观和方法论,提高"六维"能力。善于从矛盾中发现把握规律,不断积累,增长才干,提高防范化解重大风险的专业理论水平和工作能力，确保胜任新时代履行使命、开展工作的新要求。通过提高"看在前、防在前"等未雨绸缪的能力，认真排除隐患，真正履行好责任，把风险治理做得更扎实、更见效，坚决打赢预防化解重大风险的攻坚战。

居安思危，未雨绸缪。党始终是风雨来袭时全体人民最可靠的主心骨，艰难困苦时全国各族人民最有力的后盾。我们要坚决维护党中央权威和集中统一领导，把党的领导落实到党和国家事业各领域各方面各环节。强化风险意识，就是把对风险的认识转化为对应行动的规范，真正做到以党和国家的利益为重。此外，还应当将成熟而定型的行动规范上升为相应的制度，并进而提升为文化层面的底线意识自觉。正如习近平总书记明确要求的，"要完善风险防控机制，建立健全风险研判机制、决策风险评估机制、风险防控协同机制、风险防控责任机制"。

二、确立全局观念，学会统筹兼顾

"不谋全局者不足以谋一域"，确立全局观念离不开"底线思维"。底线思维就是着眼整体利益和全局目标实现，拟定符合正确认识的目标和任务导向，"对于

第六章　坚持底线思维做到未雨绸缪

要实现的伟大目标要作深谋远虑的思考，以寻求长远发展和长治久安之策"[①]。我们坚持底线思维，防控各种风险，最重要的是防控有可能迟滞、阻碍中华民族伟大复兴进程的全局性、系统性风险。不仅要注意补齐短板、提升功能，而且要注意堵塞漏洞、防范风险；不仅要防范系统本身运行中的矛盾、问题和风险，而且要防范外部环境给系统带来的风险；不仅要认清国内形势，而且要把握国际形势，在与其他国家的交往互动中趋利避害、防控风险，更好发展自己。

统筹是一种立足全局的执政智慧，统筹总是跟全局观紧密相关，没有全局观就不可能有统筹。在坚持底线的前提下，运用统筹的方法大力整合各类资源，积极主动作为。就像下棋，在行棋中是否有全局观，是显示棋手实力、决定棋局成败的关键。高超的棋艺及其魅力，就产生和展示在立足全局的统筹上。治国的统筹远比下棋复杂得多，但是二者在统筹的艺术境界上有异曲同工之妙。习近平同志指出，在中国当领导人，必须在把情况搞清楚的基础上，统筹兼顾、综合平衡，突出重点、带动全局，有的时候要抓大放小、以大兼小，有的时候又要以小带大、小中见大，形象

[①] 杨信礼：《深刻认识坚持底线思维》，《人民日报》2019年6月25日。

地说，就是要十个指头弹钢琴。① 寥寥数语，既表达了人民至上的价值取向，也阐明了统筹这一战略思想的深刻内涵。习近平同志关于统筹的战略思想，有些话听起来朴实无华，但细细品味却举重若轻，其中既有对我国长期以来发展经验教训的总结提炼，也有在此基础上的战略抉择。由此可知，底线思维并不是孤立无援的，而是凝心聚力、掌握其他思维的基础。提高底线思维能力也不能搞"单打独斗"，只有统筹兼顾、系统推进、多向用力，着眼全局，全面提升科学思维能力，才能真正确立和运用底线思维，增强工作的科学性、预见性、主动性和创造性。

（一）坚持底线思维，确立全局观念

中国特色社会主义事业战略布局是"四个全面"。"四个全面"战略布局，是我们党勇于担当责任、敢于直面矛盾，不断解决问题、化解挑战的新法宝。党员干部特别是领导干部要树立全局观念，把这种整体的、全面的、统筹的思维方式自觉运用到工作中去，夺取新时代中国特色社会主义事业新胜利。

所谓全局观念，就是立足党和国家事业全局，从

---

① 参见文秀：《习近平的执政理念》，《文摘报》2014年3月13日。

第六章　坚持底线思维做到未雨绸缪

整体上全面地而不是片面地、系统地而不是零散地、普遍联系地而不是单一孤立地观察事物的思维方式。它注重把握宏观的、长远的战略发展，抓住主要矛盾，规划设计总体目标，谋划发展布局，制定发展战略，正确处理国家与个人、全局与局部、长远与现实等基本关系。全局观念可以抽象地概括为：价值观层面的高境界、思考问题时的大格局和方法论意义上的大韬略。秉持全局思维就是要提高全局观念。

全局观念内含顾全大局、奋力拼搏。用习近平总书记的话说，就是要"做到心中有党、心中有民、心中有责、心中有戒，把为党和人民事业无私奉献作为人生的最高追求"[①]。在新时代协调推进"四个全面"战略布局、实现"两个一百年"奋斗目标的征程中，党员干部尤其是领导干部必须树立正确价值观，艰苦奋斗、踏实奉献，带动广大群众共同为实现中华民族伟大复兴的中国梦而不懈奋斗。实现中华民族伟大复兴不是一朝一夕的事情，需要一茬接一茬，一代接着一代干。这就需要党员干部增强大局意识，树立正确的全局观念，不计较个人的一时得失，把党和国家的整体和大局摆在首位。坚持底线思维，就是要全面贯

[①] 习近平：《在庆祝中国共产党成立 95 周年大会上的讲话》，《求是》2021 年第 8 期。

彻"江山就是人民,人民就是江山"的以人民为中心的行动指南。不论何时何地,都要以人民利益为主,始终坚持以人民为中心的发展思想。不论是人民的财产还是人民的信任,都是不可侵犯和不可或缺的,也都是我党的制胜法宝。

全局观念必须坚持底线思维。习近平总书记说过,党的领导干部要牢固树立大局意识,善于观大势、谋大事,自觉在大局下想问题、做工作。[①] 底线思维是以习近平同志为核心的党中央治国理政的重要思维方式。首先,在规划部署工作时,从全局出发考虑事情可能的坏结果进而在全局工作中争取好结果。以"四个全面"为例,正是基于中国发展历史方位的变化,从我国发展现实需要中得出来的,是从人民群众的热切期待中得出来的,是为推动解决我们面临的突出矛盾和问题提出来的,突出体现了底线思维的要求与特征。其次,在贯彻落实决策部署时也要全面实施。我们要运用底线思维,及时防范化解协调推进中的各种风险,牢牢把握贯彻落实的主动权,执行彻底,就像我们党在全面脱贫攻坚的道路上,绝不落下一家一户。

全局观念要把视野和底线统筹好。高度决定视野,

[①] 参见《充分调动干部和群众积极性 保证教育实践活动善做善成》,《人民日报》2013年7月13日。

第六章　坚持底线思维做到未雨绸缪

底线影响成败。首先，提高政治站位，现阶段的世界是国内外形势发生深刻变化的时代。实现中华民族伟大复兴要立足于中国大地，同时也要放眼全球。正如习近平总书记强调的，我们要放眼世界，放眼未来，放眼一切方面，把党和人民事业放到全球视野中谋划，在尽可能地解决突出问题和风险中实现战略突破，在把握战略全局中推进各项工作。① 其次，要贯通历史与现实的思考方式，把握视野与底线，既不能固守本时代、小区域，又不能盲目乐观片面讲格局。既需要宏大的历史思维能力，毕竟历史的前进车轮是有迹可循的，也需要把现阶段的中国放到历史的车轮上防范风险预见未来，清晰地定位自我。吸取历史经验，修正错误，以世界各国的优秀文化和中华传统智慧为国家的发展服务。坚持底线思维要求防范风险，而且要求主动出击，以攻为守化解风险。要从全局和战略高度，深入分析世情、国情和党情，既看到有利一面，又看到不利一面，坚定信心，迎接挑战，永远将国家、社会、人民的利益放在首位，勇于承担职责、善于履职尽责。

---

① 参见习近平：《在纪念邓小平同志诞辰110周年座谈会上的讲话》，《人民日报》2014年8月21日。

（二）坚持底线思维，学会统筹兼顾

"底线思维"指的是基于马克思主义实践论的唯物辩证法的量质互变规律的具体应用，旨在通过客观地设立最低目标，判定最低界限，从最低可能值入手而争取最大期望值的一种积极的战略性思维方法。统筹兼顾旨在总揽全局、科学筹划、协调发展、兼顾各方，要求平衡各方利益、协调彼此关系，实现效益最大化。习近平总书记指出："新冠肺炎疫情发生后，如何在较短时间内整合力量、全力抗击疫情，这是很大的挑战；在疫情形势趋缓后，如何统筹好疫情防控和复工复产，这也是很大的挑战。"[1] 经过艰苦努力，目前全国逐步走出疫情的悲观影响，人民群众的生产生活秩序加快恢复，但下一步工作的复杂性也日益凸显。统筹做好经济社会发展，对各级党员干部来说既是一次大战，也是一次大考。

统筹兼顾是一种综合思维方法。强调全面系统、辩证平衡，包含战略思维、底线思维，统筹兼顾等思想方法的精髓。习近平总书记在讲话中强调，底线思维很大程度上是针对全局意义的重大风险来谈的。[2] 重

---

[1] 中共中央党史和文献研究院编：《十九大以来重要文献选编》（中），中央文献出版社2021年版，第438页。
[2] 参见金伟、刘攀：《强化底线思维 防范化解重大风险》，《光明日报》2020年6月12日。

第六章　坚持底线思维做到未雨绸缪

大风险所表现出来的结构在通常情况下是高度复杂的，它不会以单一的形式出现，而更多地会呈现出各风险之间相互交织、互相感染的影响，以综合风险、国际风险、区域风险等多种形式登场。这就要求我们在坚持底线思维的同时，必须用统筹全局的眼光看待问题，以有效预防和积极化解重大风险。"战略问题是一个政党、一个国家的根本性问题。"① 因此，党在执政过程中，要从全局的角度考虑问题，及时妥善处理各领域风险互相转化，防范各类风险蔓延升级。依靠统筹兼顾的思维方法，立足全局。以习近平同志为核心的党中央自觉运用全局思维，突出强调整体政策安排和顶层设计，注重政策链条以及政策的统一性和长期性。统筹兼顾的关键也在于具有底线思维，即要明确改革与发展的基本目标和方向，强化短板意识，明确边界意识，这样才能够在全面深化改革的过程中管控风险、守住底线，推进中国特色社会主义事业稳步前进。

统筹兼顾是凝心聚力的必要法门。当前，党和国家面对着十分复杂的国内外环境，身上肩负着重大的执政使命，没有经验可以学习借鉴，只能一步一个脚印摸着石头过河，探索一条适合中国发展的中国特色社会主义

---

① 习近平：《在纪念邓小平同志诞辰110周年座谈会上的讲话》，《人民日报》2014年8月21日。

道路。习近平总书记指出，党的各级领导干部"要提高战略思维、历史思维、辩证思维、创新思维、法治思维、底线思维能力，善于从纷繁复杂的矛盾中把握规律，不断积累经验、增长才干"①。事实上，这六种思维能力的内涵、特征、功能都不尽相同，但有着辩证的逻辑关系，紧密联系、相互贯通、相互作用，构成一个完整的科学思维体系。而这个体系的末端便是底线思维能力，这是众多科学思维的基础。领导干部要提高底线思维能力，也离不开系统学习和掌握其他的思维方法。只有掌握更全面的能力，才能深谋远虑、统揽全局，把握事物发展的总体趋势和规律，也才能以长远眼光和整体视角对未来可能出现的风险和危机进行预判。

底线思维并不是孤立无援的，而是凝心聚力、掌握其他思维的基础。提高底线思维能力也不能搞"单打独斗"，只有统筹兼顾、系统推进、多向用力，全面提升科学思维能力，才能真正确立和运用底线思维，增强工作的科学性、预见性、主动性和创造性。

三、做好应对预案，力求有备无患

底线思维要求我们既要有防范风险的先手，也要

---

① 《提高防控能力着力防范化解重大风险　保持经济持续健康发展社会大局稳定》，《人民日报》2019年1月22日。

有应对和化解风险挑战的高招。"有所准备"是中国共产党人应对风险挑战历来持有的科学态度。毛泽东同志在革命时期和新中国成立以后都曾多次强调,"要在最坏的可能性上建立我们的政策"①。当风险转化为现实之时,一旦没有准备,必然张皇失措、无所适从。反之,在出现重大风险之前便"图之于未萌,虑之于未有",做到应急机制已然可靠完备、应对之策已然成竹在胸,便能够力争在面对重大风险时"扛得住、过得去",从而始终把主动权牢牢掌握在自己手里。

习近平总书记在省部级主要领导干部坚持底线思维着力防范化解重大风险专题研讨班开班式上着重强调,要"坚持底线思维,增强忧患意识,提高防控能力,着力防范化解重大风险"②。习近平总书记的重要讲话从战略和全局高度,分析了当前和今后一个时期我国面临的安全形势,阐明了需要着力防范化解的重大风险,对各级党委、政府和领导干部负起防范化解重大风险的政治责任提出了明确要求,具有很强的思想性、针对性、指导性。对此,我们应当加以全面准确的把握,方能在世界百年未有之大变局中更好地进

---

① 《毛泽东文集》第三卷,人民出版社1996年版,第388页。
② 《提高防控能力着力防范化解重大风险 保持经济持续健康发展社会大局稳定》,《人民日报》2019年1月22日。

行具有许多新的历史特点的伟大斗争。

（一）树立忧患意识，制定科学政策

首先，忧患意识在实践上适应于实现中华民族伟大复兴的使命要求。恰如习近平总书记所强调的，要"深刻认识和准确把握外部环境的深刻变化和我国改革发展稳定面临的新情况新问题新挑战"①。面对各种重大挑战、重大风险、重大阻力、重大矛盾，唯有常怀忧患，忧党之安危、忧国之兴衰、忧民之苦乐、忧底线之能否坚守，才能最大程度地激发出符合新时代要求的精神状态和奋斗姿态。

"全党必须增强忧患意识，坚持底线思维，坚定斗争意志，增强斗争本领，以正确的战略策略应变局、育新机、开新局，依靠顽强斗争打开事业发展新天地，最根本的是要把我们自己的事情做好。"②习近平总书记深刻阐述了未来中国共产党的发展要走的路。我们党要巩固执政地位，团结带领人民沿着中国特色社会主义道路实现中华民族伟大复兴，必须时刻准备应对重大挑战、抵御重大风险、克服重大阻力、解决重大矛盾。

---

① 《提高防控能力着力防范化解重大风险　保持经济持续健康发展社会大局稳定》，《人民日报》2019年1月22日。
② 《高举中国特色社会主义伟大旗帜　奋力谱写全面建设社会主义现代化国家崭新篇章》，《人民日报》2022年7月28日。

第六章　坚持底线思维做到未雨绸缪

"备豫不虞,为国常道",要把工作做在前面。当前我国经济社会发展面临着复杂、多变、敏感的国内外环境,既要高度警惕"黑天鹅"事件,也要防范"灰犀牛"事件;既要有防风险的先手,也要有应对挑战的高招;既要打有准备之战,也要打战略主动战。① 越是取得成绩的时候,越要有如履薄冰的谨慎,越要有居安思危的忧患。这是我们党治国理政的一条重要经验。

其次,树牢忧患意识,科学把握忧患意识的内涵实质。忧患意识是指从客观条件出发,对事物在发展过程中可能出现的风险和挑战进行预估,同时对事物在发展过程中可能造成的严重后果进行前瞻性和预防性的预判,其内在本质在于未雨绸缪、居安思危、防患未然,并在尊重客观规律的基础上,充分发挥主观能动性,最大限度地规避或减少危险或灾难的发生。第一,忧患意识是一种危机意识。它是指人们在面对事物发展过程中所遭遇的矛盾性、曲折性和斗争性问题时能够保持清醒的认识,对于前景一片光明的事物能够预见可能发生的风险,是一种敢于正视危机的理性自觉。第二,忧患意识是一种责任担当意识。它是对国家富强、民族振兴、人民幸福的一种强烈的责任

---

① 参见《习近平谈治国理政》第三卷,外文出版社2020年版,第219—220页。

感，是为实现共产主义远大理想的一种自觉意识。第三，忧患意识还是一种底线思维，是面对各种风险挑战尽最大可能避免最坏结果、争取实现最好预期的一种积极的思维方式。坚持底线思维，就是要凡事从坏处准备，努力争取最好的结果，做到有备无患、遇事不慌，牢牢把握主动权。

再次，树牢忧患意识，坚持问题导向科学实施部署。习近平总书记反复强调："我们坚持底线思维、问题导向，增强忧患意识，把防范化解风险挑战摆在突出位置，把困难估计得更充分一些，把风险思考得更深入一些，下好先手棋，打好主动仗。"[①] 坚持问题导向也是习近平新时代中国特色社会主义思想的实践要求。我们必须清醒认识到，实现中华民族的伟大复兴，绝不是轻轻松松、敲锣打鼓就能实现的。全党必须准备付出更加艰巨和更为艰苦的努力。随着中国特色社会主义进入到新时代，各种机遇也纷至沓来，我们处在一个大有可为的时代，总体上是稳定的。同时，我们也要看到伴随机遇的风险也是多方的，有内部风险、外部风险、一般风险、重大风险，它们随时随地都可能爆发。这就要求各级领导：第一，坚持忧患意识，

[①] 习近平：《在北京冬奥会、冬残奥会总结表彰大会上的讲话》，《人民日报》2022年4月9日。

第六章　坚持底线思维做到未雨绸缪

必须时刻保持清醒头脑，越是发展顺利的时候，越要有如履薄冰的谨慎，决不能犯战略性、颠覆性错误；第二，坚持问题导向，充分了解党和国家面临的重大风险挑战，又要充分把握本地区本部门工作面临的风险挑战，切实做好各项防范工作；第三，科学实施部署，用习近平新时代中国特色社会主义思想引领新时代新实践，必须以辩证法的角度处理风险挑战，用创新的办法破解长期解决不了的难题，科学精准地实施部署，做到不浪费人力、物力、财力。

最后，树牢忧患意识，从容面对各种风险挑战。坚持底线思维，防控各种风险，最重要的是防控有可能在中国共产党发展道路上出现的全局性、系统性风险。凡事预则立，不预则废。只有预先看到前途和趋向，及时察知萌芽中的危险，事先做好计划准备，才能把握事物发展进程，减少风险、化解危机。中华民族是历经磨难而又不屈不挠的伟大民族，具有忧患意识是中华民族绵延不息、发展壮大的重要原因。中国共产党在发展的历史进程中，也遇到各种各样的风险，正是我们党常怀忧患意识，常观大势、常思大局，清醒地看到前进道路上的困难和风险，安不忘危，存不忘亡，治不忘乱，始终做到居安思危、深谋远虑、未雨绸缪，从容应对、及时化解风险与危机。

通过革命、建设、改革的风雨洗礼，中国共产党已然将直面问题的忧患意识内化为鲜明的执政品格。有了忧患意识，底线思维便获得了充盈的意识前提和坚实的价值支撑，可以更加科学地制定实施科学的发展战略，以国家利益和人民利益为最高价值取向，把局部利益和全局利益、眼前利益和长远利益、具体利益和根本利益有机结合起来，明辨利害，慎重决策，合理选择，谋定后动。

（二）完善规章法制，强化制度执行

防范化解风险挑战是一项复杂的系统工程和长期的战略任务。在对风险源加以调查研究、审慎分析的基础上，需要进一步将目标底线转换为行动层面的约束规范，要对哪些重大原则是必须遵循的、哪些事是决不能做的、哪些职责是必须履行的了然于胸并坚决贯彻落实。此外，还应当将成熟而定型的行动规范上升为相应的制度，进而提升为文化层面的底线意识自觉。正如习近平总书记所明确要求的，"要完善风险防控机制，建立健全风险研判机制、决策风险评估机制、风险防控协同机制、风险防控责任机制"[1]。

---

[1] 中共中央党史和文献研究院、中央"不忘初心、牢记使命"主题教育领导小组办公室编：《习近平关于"不忘初心、牢记使命"论述摘编》，党建读物出版社、中央文献出版社2019年版，第225页。

第六章　坚持底线思维做到未雨绸缪

制度稳则国家稳。为此坚持和完善制度具有重大意义。首先，有利于提高对风险的预见性。制度要在现实生活中起到防范风险的作用就要尽可能详细地囊括一切可能发生的情况，及时察知萌芽中的危险，事先做好计划准备，完善薄弱环节，筑牢抗击风险"防火墙"。其次，有利于应对风险。制度制定得精细完善，当风险发生时，各部门就能依照制度办事，坚守岗位，承担起应有责任。如《中华人民共和国突发事件应对法》是一部规范应对各类突发事件共同行为的法律，共7章70条。该法提高了社会各方面依法应对突发事件的能力，能及时有效控制、减轻和消除突发事件引起的严重社会危害，保护人民生命财产安全，维护国家安全、公共安全、环境安全和社会秩序。坚持和完善我国的国家制度是防范化解风险的重要途径。

"制度的生命力在于执行"，制定完善的制度为应对风险挑战奠定重要基础。好的制度需要良好的执行才能转化为治理能力。为此要提高制度的执行力，把制度转化为人们普遍遵守的行动规范、行动要求和程序范式。要提高制度执行力，需要加强教育，加强制度意识，加强监督，提高内在自觉性。

第一，加强法制教育。各级领导干部要积极推动法制教育，在思想上重视起来，不断加强法制培训，完善学习法制的制度，避免因为对法制的无知而犯法的情况发生。党校等机构也要加强对领导干部的法律知识的培养，使其切实对国家重要的法律、对和领导工作息息相关的法律、对与自己工作岗位相关的法律熟知于心，在实际工作中把法律真正作为行动的底线。

第二，加强制度意识。各级领导干部要主动去学习制度，熟知制度，行动上也严格遵守制度。学会弄懂制度对领导干部极其重要，如果对制度是一种一知半解、马马虎虎的态度，那就无从谈起行动上的严格遵守。习近平总书记指出："各级党委和政府以及各级领导干部要切实强化制度意识，带头维护制度权威，做制度执行的表率。"[1] 作为领导干部要起到带头作用，做守法的先行者，尊崇、敬畏、熟悉、执行制度，捍卫制度权威，培养制度意识，用制度指导行动、约束行动，为党员群众遵守制度起示范作用。领导干部还需要加强责任意识，有责任意识就能在努力做好工作的同时把风险降到最低。

第三，加强监督，严肃追究违反制度者的行为。依法治国是党领导人民治理国家的基本方略，是建设中国特色社会主义的必然要求和重要保障。"一分部

---

[1] 《习近平谈治国理政》第三卷，外文出版社2020年版，第128页。

第六章　坚持底线思维做到未雨绸缪

署,九分落实",好的制度要产生好的结果,不能使其成为摆设,损害制度的公信力。制度如果不执行,就会损害权威,使大家都认为这个是空头文件。因此,必须提高制度的执行力,强化制度执行的严肃性,加强制度执行的监督,严肃追究违反制度者。习近平总书记强调:"对违反制度规定踩'红线'、闯'雷区'的,要零容忍,发现一起就坚决查处一起。"① 通过完善监督检查机制实现压力的传导,坚定落实制度的执行。党员领导干部要维护制度权威,按照制度履行责任,严格制度执行标准,按照制度行使权力,提高防范风险能力。

第四,提高执行制度的自觉性。提高制度的执行需要的是内外兼修,除了外部的监督约束,同时也需要提高领导干部的执行制度的内在自觉性。有效推进各项制度的落实,既要有科学完善的制度体系,也要有尊崇制度、维护制度、落实制度的思想自觉和执行意愿。要强化领导干部执行制度的认识论共识。凝聚共识是治国理政的前提,领导干部执行制度需要"一种共尊共信的心理力量的支撑",因此要大力宣传中国制度的强大生命力和显著优越性,增强领导干部的荣

---

① 中共中央纪律检查委员会、中共中央文献研究室编:《习近平关于严明党的纪律和规矩论述摘编》,中央文献出版社、中国方正出版社2016年版,第82页。

誉感和自豪感，让各级领导干部真切认识到"制度执行力、治理能力已经成为影响我国社会主义制度优势充分发挥、党和国家事业顺利发展的重要因素"①，进而凝聚共识，明确责任，跟进落实。

（三）践行底线思维，预防突发事件

践行底线思维，是我们应对错综复杂形势的科学方法，更是有效防范化解重大风险的治理智慧。一个国家必须具有开顶风船、走上坡路的能力，能够应对外部冲击而保持可持续发展。面对波谲云诡的国际形势、复杂敏感的周边环境、艰巨繁重的改革发展稳定任务，我们必须始终保持高度警惕，既要高度警惕"黑天鹅"事件，也要防范"灰犀牛"事件；既要有防范风险的先手，也要有应对和化解风险挑战的高招；既要打好防范和抵御风险的有准备之战，也要打好化险为夷、转危为机的遭遇战阻击战。要求领导干部提前做好应对策略，不要等危害发生后，手忙脚乱，后悔莫及。

第一，突发事件应对"预"字当头。各级领导干部对有可能出现的突发风险要遵守"预防为主、预防

---

① 中共中央文献研究室编：《习近平关于全面深化改革论述摘编》，中央文献出版社2014年版，第29页。

与应急相结合"的基本原则,将突发事件应对分为预防与应急准备、监测与预警、应急处置与救援、事后恢复与重建四个环节。预防与应急准备是突发事件应对的基础,能否有效预防和处置突发事件,直接考验着政府执政能力和应急管理能力,也成为检验社会是否成熟的标志。建立健全突发事件应急预案体系是预防与应急准备环节的重要内容。现阶段的突发事件有以下三大特点。一是损失大。突发事件往往不仅造成财产损失,还造成人身损失;不仅造成眼前损失,还造成长远损失。二是影响广。突发事件不仅造成经济影响,还会产生社会影响、政治影响。三是社会关注程度高。随着社会的发展和进步,人民对生命的珍爱、对财产的关注、对行为的预期、对秩序的渴望,比以往任何时候都要高。因此,建立完善的突发事件应急预案体系,是贯彻落实《突发事件应对法》的基本功、大前提。

第二,切实做好应急预案编制工作。总结我国在应对突发事件中的经验和教训可以看出,现阶段我国的应急管理体制、机制和制度仍然存在着某些缺陷。一方面,应对突发事件的责任不够明确,统一协调、灵敏应对突发事件的体制尚未形成。在应对突发事件中,对哪些是政府的责任、哪些是社会的责任,界限仍不清楚。一旦出现问题就相互推责、多头指挥甚至互相埋怨的情况还较为普遍。一些行政机关应对突发事件的能力不够强，危机意识不够高。同时，依法可以采取的应急处置措施也不够充分、有力。另一方面，突发事件的预防与应急准备、监测与预警、应急处置与救援等制度、机制不够完善，导致一些能够预防的突发事件未能得到有效预防，一些可以减少损失的突发事件未能有效控制危害的扩大、减少不必要的损失。还要注意到，社会广泛参与应对工作的机制还不够健全，公众危机意识有待提高，自救与互救能力不强。必须要坚持底线思维，不回避矛盾，不掩盖问题，凡事从坏处准备，努力争取最好的结果，做到有备无患、遇事不慌，牢牢把握主动权。

　　第三，通过演练动态提升预案水平。纸上谈兵千百次，不如真操实练来一次。为了在风险发生时不手足无措，各地、各部门要认真按照"结合实际、讲求实效、精心组织、确保安全"的原则，积极落实好、筹划好、组织好应急预案演练活动。首先，通过贴近实际情况的演练，进一步完善应急管理机制，确保信息报送、处置反馈、工作联动、情况发布、舆论引导等方面执行顺畅；其次，进一步动态完善应急预案体系，针对有关演练发现的新问题、新情况，切实修订、完善、细化各类应急预案，明确部门职责和相关工作，坚决防范和遏制各类事故的发生，确保各类突发事件能有效处置。通过演练常态化，在练兵中找问题，查缺漏，补不足。以底线思维为抓手，不断动态提升预案的防护水平。

综上，结合底线思维，做好应对预案，力求有备无患。要全面践行习近平总书记的指示："加强应急管理体系和能力建设，既是一项紧迫任务，又是一项长期任务。"① "要发挥我国应急管理体系的特色和优势，借鉴国外应急管理有益做法，积极推进我国应急管理体系和能力现代化。"② 要健全风险防范化解机制，加强风险评估和监测预警，健全应急预案体系。要坚持依法管理，运用法治思维和法治方式提高应急管理的法治化、规范化水平。要完善公民安全教育体系，培育安全文化，开展常态化应急疏散演练，筑牢防灾减灾救灾的人民防线。

四、增强斗争本领，永葆斗争精神

坚持底线思维，时刻不忘弘扬斗争精神。防范化

---

① 《充分发挥我国应急管理体系特色和优势　积极推进我国应急和管理体系和能力现代化》，《人民日报》2019年12月1日。

② 《充分发挥我国应急管理体系特色和优势　积极推进我国应急和管理体系和能力现代化》，《人民日报》2019年12月1日。

解重大风险，需要有顽强的斗争精神。面对重大风险，对中国共产党人来说，强化斗争精神既是优良传统的时代传承，又是直面现实问题的必然选择。领导干部要经受严格的思想淬炼、政治历练、实践锻炼，在复杂严峻的斗争中经风雨、见世面、壮筋骨，真正锻造成为烈火真金。要学懂弄通做实党的创新理论，夯实敢于斗争、善于斗争的思想根基，理论上清醒，政治上才能坚定，斗争起来才有底气、才有力量。

坚持底线思维，不断增强斗争本领。要时刻牢记"我是谁""为了谁""依靠谁"，在思想和行动上自觉同党中央保持高度一致，在政治上做个明白人。作为国家机关党员干部，要提高政治站位，在思想和行动上自觉同党中央保持一致。俯下身，事事、时时、处处以人民为中心。我们在开展各项工作时，必须广泛听取群众意见，坚持重大决策调研先行。只有开展最广泛的调研，我们出台的政策，才不会是空中楼阁、不接地气。回顾历史，每当我们党的事业面临重大挑战时，每当中国的前途命运面临何去何从的重大关头，人民群众总是推动历史车轮前进的强大保障。充分相信、依靠和团结群众，这是我们党事业成功的根本保证。建设伟大工程，推进伟大事业，实现伟大梦想，必须进行具有许多新的历史特点的伟大斗争，与一切削弱、歪曲、否定党的领导和我国社会主义制度的言行，与一切损害人民利益、脱离群众的行为，与一切阻碍历史进步的顽瘴痼疾，与一切分裂祖国、破坏民族团结和社会和谐稳定的行为进行坚决斗争，坚决战胜一切在政治、经济、文化、社会等领域和自然界出现的困难和挑战。领导干部要加强斗争历练，增强斗争本领，永葆斗争精神，敢于并善于斗争，切实把改革发展稳定各项工作做实做好。

（一）发扬斗争精神是时代的需要

中国共产党带领中国人民艰苦卓绝、奋发图强，终于走出了属于中国人民的中国特色社会主义道路。这之中的艰辛是无法用文字表现出来的。实现中华民族的伟大复兴绝对不是一件轻松的事情，会遭遇许多外部和内部的阻力矛盾。面对各种风险挑战，共产党人要坚持底线思维，发扬斗争精神是自觉的使命担当，是实现伟大梦想的时代要求。斗争精神的外化显现以斗争意识的形成为前提。面对防范化解重大风险的严峻任务，斗争意识是在主体精神层面的能动觉醒，是对风险意识的自觉延续，同样也是对家国命运的责任担当。从内涵上说，斗争意识既是对风险形势复杂性的充分认知，又是对风险信号的高度警醒，更是对防范风险斗争的长期性、艰巨性的深刻自觉，同时也是对风险一旦发生究竟该如何应对的深思考问。

首先，发扬斗争精神是完成社会主义现代化建设的需求。共产党人的斗争是有方向、有立场、有原则的，大方向就是坚持中国共产党领导和我国社会主义制度不动摇。当代中国共产党人要树立为党的事业斗争、为新时代中国特色社会主义事业斗争、为总体国家安全斗争、为国家核心利益和重大原则斗争、为人民根本利益斗争、为中华民族伟大复兴斗争的坚定信念。完成社会主义现代化建设，需要各方面的配合。其中一些任务是现阶段必须完成的，不然会影响到其他领域发展，这些任务就被称为"底线任务"。它在我们这样一个拥有着14亿多人口、情况复杂的国家的如期完成实属不易，需要面对各种问题和统筹调配，就需要各级领导干部不断发扬斗争精神。

其次，发扬斗争精神是我们党防范各种风险挑战的必然要求。中国特色社会主义进入新时代，意味着中华民族实现了从站起来、富起来到强起来的历史性飞跃，中华民族伟大复兴的百年夙愿将由梦想变为现实。艰难困苦，玉汝于成。当前和今后一个时期，我国发展进入各种风险挑战不断积累甚至集中显露的时期，面临的重大斗争不会少。外临国际交往冲突的风口浪尖，内有发展需求失谐的基本矛盾。特别是现阶段我们的实力与体制尚不能完全解决这些问题时，就需要用各种策略的斗争精神化解矛盾，守护底线。当我们遭遇新的风险时就要求领导干部再次发扬斗争精神积极应对风险。发扬斗争精神，与一切损害党的先进性和纯洁性的因素作斗争，推动党建设新的伟大工程取得更大进步。总之，共产党人必须具有顽强的斗争精神才能战胜各种风险、危机。

（二）坚持斗争精神并敢于善于斗争

在防范化解重大风险的斗争中，要始终保持充沛顽强的斗争精神，需要以坚强的意志品格为有力支撑。斗争精神是"攻坚克难、奋力拼搏、开拓进取的思维状态、思想品质、精神面貌"[1]。斗争精神也蕴含在优秀的中华民族精神中，是马克思主义者的优秀品格，更是中国共产党人的革命传统。历史发展从来不是一帆风顺，而是充满曲折和波折。习近平总书记指出："历史和现实都告诉我们，一场社会革命要取得最终胜利，往往需要一个漫长的历史过程。"[2] 社会主义从来

---

[1] 朱继东：《领导干部如何保持斗争精神、增强斗争本领》，《人民论坛》2019年第16期。

[2] 习近平：《坚持和发展中国特色社会主义要一以贯之》，《求是》2022年第18期。

都是在斗争中诞生、在斗争中发展的。党要带领人民取得新时代伟大社会革命的胜利，就必须坚持斗争精神。领导干部要主动投身到各种斗争中去。

首先，底线思维要求要敢于斗争。防范化解风险要敢于担当，敢于承担责任，敢于迎难而上，敢于与问题和矛盾作斗争。实现伟大梦想，必须进行伟大斗争。奋进全面建设社会主义现代化国家新征程，必须增强全党全国各族人民的志气、骨气、底气，不信邪、不怕鬼、不怕压，知难而进、迎难而上，统筹发展和安全，全力战胜前进道路上各种困难和挑战，依靠顽强斗争打开事业发展新天地。敢于斗争就是要敢于同一切阻碍中国特色社会主义进程的矛盾斗争，敢于挑大梁，担责任，守住本职工作的底线。在大是大非面前敢于亮剑，在矛盾冲突面前敢于迎难而上，在危机困难面前敢于挺身而出，在歪风邪气面前敢于坚决斗争。在复杂严峻的斗争中经风雨、见世面、壮筋骨，真正锻造成为烈火真金。以习近平同志为核心的党中央敢于碰硬，开展扫黑除恶专项整治行动。用事实说话，用成果说话，用行动说话，为共产党人作出了勇于斗争的榜样。

其次，底线思维要求要善于斗争。斗争不是盲目的冲锋，而是与时俱进，具体问题具体分析。"在各种

第六章 坚持底线思维做到未雨绸缪

重大斗争中,我们要坚持增强忧患意识和保持战略定力相统一、坚持战略判断和战术决断相统一、坚持斗争过程和斗争实效相统一。"① 习近平总书记指出:"斗争是一门艺术,要善于斗争。"② 中国共产党人的斗争并非蛮干,而是注重策略方法,讲求斗争艺术,善于运用辩证唯物主义方法论,坚持立场原则,抓住斗争规律、讲究斗争策略,紧盯关键要素,围绕重点有针对性地开展斗争。在斗争中讲团结,团结一切可以团结的力量,调动一切可以调动的因素。在斗争中求合作,在斗争中谋共赢,实现斗争过程和斗争实效的完美统一。

坚持底线思维、发扬斗争精神就是要为了人民,依靠人民,坚持以人民为立场。坚持斗争是为了全国人民、为了党、为了民族复兴伟业而进行的,不是为了个人私利。党的二十大制定了当前和今后一个时期党和国家的大政方针,描绘了以中国式现代化全面推进中华民族伟大复兴的宏伟蓝图。新时代新征程,全党同志务必敢于斗争、善于斗争。让我们在斗争中担当、在斗争中成长,踏上新征程,向着新的奋斗目标,出发!

---

① 《习近平谈治国理政》第三卷,外文出版社 2020 年版,第 227 页。
② 《习近平谈治国理政》第三卷,外文出版社 2020 年版,第 227 页。

（三）增强斗争本领牢牢坚守底线

中国共产党人要增强斗争本领，在风雨中磨炼自身的意志，在处理矛盾中提高坚持底线思维防范化解重大风险的能力，提高为人民服务的能力；科学研判未来发展的走势和我们将面临的新的机遇和挑战，提前规避风险，创造并抓住有利条件，化被动为主动，化腐朽为神奇。要达到这一要求就必须把斗志昂扬的斗争精神落实到真枪实干的斗争本领上。斗争本领来自中国共产党的"看家本领"，必须以辩证唯物主义和历史唯物主义作为世界观和方法论的根本指引，善于从纷繁复杂的矛盾中把握规律，不断积累经验、增长才干。

新时代坚持和发展中国特色社会主义是一场伟大社会革命，必须继续进行具有许多新的历史特点的伟大斗争，要深刻认识一场社会革命的长期性和复杂性，树立长远的历史眼光，做好长期奋斗的准备，始终发扬斗争精神、增强斗争本领，把我们党领导人民进行的伟大社会革命继续推进下去。

首先，增强斗争精神要经过严格的思想淬炼，不断加强党的理论学习，善于用马克思主义立场来解决问题。掌握使用辩证唯物主义和历史唯物主义，用全面、联系、发展的观点看待问题。要用习近平新时代中国特色社会主义思想来指导工作，把握我国发展过程中的主要矛盾，掌握斗争主动权，夯实斗争本领的根基。

其次，增强斗争精神要经过严格的政治淬炼，就是把稳政治方向、坚定政治立场、坚守政治原则。在日常的工作中以习近平总书记的指示为根本，同党和国家站在一起，提高政治执行力，坚决维护党中央的权威。从党的革命历史与新中国历史中吸取经验，提高政治觉悟，学习斗争谋略和方法。

最后，增强斗争精神要经过严格的实践锻炼。"纸上得来终觉浅，绝知此事要躬行。"实践是检验真理的唯一标准，在基层锻炼人才是党的优良传统、优良作风。增强斗争精神就是要深入一线，扎根于人民群众之中。践行从群众中来到群众中去的工作方法，有利于干部培养与人民群众的深厚情感，有利于增长阅历，形成丰富的经验，在复杂严峻的实践中提高斗争本领。

发扬斗争精神，提高斗争本领，牢牢坚守底线思维。领导干部要加强斗争历练，有组织、有计划地投身社会主义攻坚战，在治理生态环境、应对重大自然灾害、处理群体性事件、打击黑恶势力等斗争一线去真刀真枪磨砺，多当几回"热锅上的蚂蚁"，多接几次"烫手山芋"，强弱项、补短板，学真本领，练真功夫，不断涵养和磨砺斗争精神，提高斗争本领。坚守底线思维，以身护党护国，确保中国特色社会主义制度不受损害，确保"两个一百年"奋斗目标的顺利实现！

后　记

全书完成之际，我在如释重负之余充分享受着内心的喜悦。从接到这份荣耀工作之始到写作结束，思想始终处于紧张与忐忑的状态中，一方面担忧自身学识肤浅与见解不足辜负信任，另一方面也希望自己打磨思想努力呈现出一部好的作品。好在本书不负所托，最终以一个令人满意的状态呈现在读者面前。

党的二十大报告是新时期中国共产党团结带领全国各族人民夺取中国特色社会主义新胜利的政治宣言和行动纲领，它是闪耀着马克思主义光芒的纲领性文献，是我们党在新时代续写马克思主义中国化时代化的最新篇章。如何更好地认真学习贯彻党的二十大精神、更好地解读二十大报告，如何更准确地理解和把握报告阐明的新时代重大理论和实践问题，是当代中国哲学社会科学研究的首要任务。值此时，由商务印书馆出版的这套"道理学理哲理·党的创新理论研究阐释丛书"得以问世，可谓洽逢其时，极富意义。

感谢本书的总策划人中央党校（国家行政学院）

哲学教研部副主任董振华教授。董先生思维敏锐学识深厚，长期致力于马克思主义哲学、发展哲学和党的理论研究。他对整套书的大纲与方向进行了非常有建设性的规划和指导，确保了本书《底线思维》在内容和质量上保持了应有之义。

感谢商务印书馆的帮助，正是在商务印书馆的大力支持下，本书才得以顺利面世。

愿可敬的读者能够在本丛书的学习中深刻领会党的二十大报告的重大深远意义，在本书的学习中系统掌握"底线思维"这一重要的思想方法武器。

尤洋

2023 年 1 月

于山西大学哲学社会学学院

图书在版编目(CIP)数据

底线思维 / 尤洋著. — 北京：商务印书馆，2023
（道理学理哲理·党的创新理论研究阐释丛书 / 董振华主编）
ISBN 978-7-100-22287-7

Ⅰ.①底… Ⅱ.①尤… Ⅲ.①中国共产党—领导人员—思维方法—研究 Ⅳ.①D261

中国国家版本馆CIP数据核字（2023）第062114号

权利保留，侵权必究。

道理学理哲理·党的创新理论研究阐释丛书
底线思维
尤洋 著

商务印书馆出版
（北京王府井大街36号 邮政编码100710）
商务印书馆发行
北京通州皇家印刷厂印刷
ISBN 978-7-100-22287-7

2023年4月第1版	开本 850×1168 1/32
2023年4月北京第1次印刷	印张 7⅞

定价：49.00元